Bitape kati na Kondima

Mpo na likabo na ngolu lizui ngai, nazali koloba na moko na moko kati na bino ete boleka te komikanisa bino mpenza na motindo mobongi te. Kasi bomitanga na makanisi na sembo, moto na moto lolenge moko na likabo na kondima oyo Nzambe Apesi ye (Baloma 12:3).

Bitape kati na Kondima

Dr. Jaerock Lee

Bitape kati na Kondima na Dr. Jaerock Lee
(Ibimisami na ba Buku Urim Mikambemi na : Johnny. H. Kim)
361-66, Shindaebang- Dong, Dongjak-Gu, Seoul, Korea
www.urimbooks.com

Droits D'auteur.buku oyo to eteni na yango ikokiki te kobimisama na lolenge nini nini, kobombama na system moko, to kopesama na lolenge soko nini to na likambo nini, na lolenge na electronique, mecanique, photocopie,enregistrement to lolenge nini, ka soki nzela epesami na mokanda na mobimisi.

Kaka soko etalisami lolenge mosusu, makomi nioso mabimisami makozwama kati na Biblia Esantu, BIBLIA SIKA NA STANDARD NA AMERICA, ®, Coppyright © 1960, 1962, 1963, 1968, 1971, 1972, 1973, 1975, 1977, 1995 na Fondation Lockman. Ekosalelama soki nzela epesami.

Copyright © 2013 na Dr. Jaerock Lee
ISBN: 979-11-263-1341-9 03230
Copyright na Kobalolama © 2013 na Dr. Esther K. Chung.
Ekosalelama soki nzela epesami.

Ikomami na Geumsun Vin
 Desin na Ndako na Edition na Buku Urim
Mpona koyeba mongi na koleka komela: urimbook@hotmail.com

Ekotiseli

Lelo, ezali na bato mingi baye balobaka ete bandimeli kasi bayebi mpenza te mpona lobiko na bango. Bayebi te soki bazali na kondima ya kozwa lobiko, to kondima boni basengeli kozala na yango mpona kozwa lobiko. Lisusu, tokoki koloba ete kondima na moto ezali monene to moke kolandana na bomoi ya lolenge nini bazali kobika, kasi ezali pete te pona kopima kondima na moto na moto.

Kondima oyo Nzambe Andimaka ezali kondima na mosuni te oyo elandanaka na misala na kondima te, kasi kondima ya molimo oyo elandisamaka na misala oyo. Kondima ya mosuni ekoki kozuama kaka na koyoka mpe koyekola Liloba na Nzambe mpe kokanga mpe kofandisa yango lokola mayebi. Kasi, tokoki te kozwa kondima ya molimo kaka mpo ete tolingi yango. Kondima ya molimo ekoki kaka kozwama na Nzambe (Baloma 12:3).

Na kala, nabondela mpona kozwa bimoniseli na ba

makomi kati na Biblia, maye mazalaki pasi mpona kososola. Nde, mokolo moko, Nzambe Abandaki kolimbolela ngai ba sekele na mokili na molimo. Atika ngai koyeba ete kondima na moko na moko ekesana, mpe bato bakozwa bisika ya kobika na Lola kolandana na bitape kati na kondima na bango.

Ndako na biso mpenza ezali Lola, mpe tozali na mokili oyo lokola bapaya. Kaka lolenge tozali na bosenga na signale tango tozali kobembuka bisika tomesene te, tozali na bosenga na signale mpo na mobembo na biso na Lola mpe lokola. Soki toyebi etape kati na kondima na biso, tokoki na pete kosososla ezaleli ya lolenge nini tosengeli kozala na yango na mobembo na biso kati na kondima kobanda lelo.

Nzambe na bolingo Alingi bana na Ye bazala na kondima ya solo, bakota Yelusalema ya Sika bisika Ngwende na Nzambe ezali, mpe babika na Ye seko. Tala tina Yesu Alobi na Matai 5:48 ete, "Tika ete bozala yakokoka, be lokola Tata na bino na Likolo Azali Yakokoka," mpe na Malako 9:23, " 'Soki okoki?' Nioso ekoki na ye oyo andimi."

Bitape kati na kondima elimboli bitape mitano na kondima mpe bisika na kobika na yango na Bokonzi na

Likolo, mpona etape moko na moko. Yango ezali mpona kosunga batangi bapima etape na kondima na bango. Bitape kati na kondima mpe bisika na kobika na bokonzi na Likolo mikoki kokabolama na koleka biteni mitano, kasi mosala oyo elimboli yango na biteni mitano mpona kosunga batangi na bososoli malamu. Nakolikia ete bokokoka kozwa Lola na makasi koleka tango bokotala etape kati na kondima na bino na oyo ya ba tata na kondima kati na Biblia. Lisusu, nakolikia ete bokososola na mozindo motema na Nzambe oyo Asepelaka na kondima yakokoka, mpo ete mingi kati na bino bozwa noki noki kotondisama na kondima.

Wuta kobimisama na yango ya yambo na 2002, Etape kati na kondima emanyolama mpe etangama na batangi ebele kati na mokili. Kolandana na makambo misusu maye Nzambe Alimbolela ngai wuta wana, edition revise ezali kobima na sasaipi. Napesi matondi mpe nkembo na Nzambe Tata mpona mosala oyo. Napesi mpe matondi na basali nioso, elongo na Geumsun Vin, mokambi na bureau d'edition.

Jaerock Lee

Table des Matières

Ekotiseli

1
{ Kondima ya Mosuni na Kondima ya molimo }

1. Ba lolenge ya kondima na mosuni
2. Ba lolenge ya kondima ya molimo
3. Pona kozwa kondima ya molimo

2
{ Bokonzi na Likolo ekamatami na makasi }

1. Kobanda mikolo na Yoani Mobatisi kino lelo
2. Bisika na Lola ekabwana
3. Pona kokamata na makasi bisika malamu na Lola

3
{ Etape kati na kondima }

1. Etape kati na kondima oyo epesamaka na Nzambe
2. Bitape kati na kondima mpe kokola na bato
3. Bitape kati na kondima lolenge na emoniseli na Ezekiele
4. Etape kati na kondima lolenge ya komeka mosala na moko na moko

4
{ Etape ya liboso kati na kondima }

1 Kondima ya kozwa lobiko
2 Kondima ya kozwa Molimo Mosantu
3 Kondima ya moyibi oyo abakamaki na ekulusu pene pene na Yesu
4 Paradiso, bisika na kobika pona baye na
etape ya liboso kati na kondima

5
{ Etape ya Mibale kati na Kondima }

1. Kondima ya komeka kosalela Liloba
2. Bisika ya pasi koleka na Bokristu
3. Napesaki bino miliki ya komela, bilei ya makasi te
4. Bokonzi ya liboso na Lola epesama na baye na etape ya mibale kati na kondima

6
{ Etape ya misato kati na kondima }

1. Kondima ya kosala na Liloba
2. Kobunda etumba malamu mpona kolongola makambo ya mosuni
3. Ebandeli na etape ya misato mpe libanga na kondima
4. Kokota na molimo na kotelema te
5. Bokonzi ya mibale na Lola epesami na ba oyo na etape ya misato kati na kondima

7
{ Etape ya minei kati na kondima }

1. Kobulisama esengeli kokokisama mpona kokoma moto na molimo
2. Etape ya minei kati na kondima: Kolinga Nzambe likolo na nyoso
3. Biloko na motuya mpona bokoli na kondima
4. Lolenge na etape ya minei kati na kondima
5. Mapamboli mipesameli bato na molimo
6. Bokonzi ya misato na Lola

8
{ Biteni mpona kokota na etape ya mitano kati na Kondima }

1. Bitape kati na bolamu
2. Kolongola bilembo ya mosuni
3. Kotondisa Mbeki na molimo
4. Mimekano liboso na kokota na etape ya mitano kati na kondima

9
{ Etape ya mitano kati na kondima }

1. Kondima oyo esepelisaka Nzambe
2. Lolenge ya etape ya mitano kati na kondima
3. Kokota na mokili monene ya molimo

10
{ Mapamboli mapesamelaka bato na etape ya mitano kati na kondima }

1. Mapamboli mapesamelaka bato na molimo yakokoka
2. Yelusalema ya sika mpona baye na etape ya mitano kati na kondima

1

Kondima ya mosuni mpe kondima ya molimo

Bitape kati na Kondima

Kondima ezali elendiseli na biloko bikolikia biso; Ezali mpe elimbweli na biloko bizangi komonana. Pamba te na yango, mikolo bazwaki matatoli. Mpo na kondima, tososoli ete mokili ezalisama na Liloba na Nzambe, bongo biloko bikotalaka biso bibimaki na biloko bikomonana te.

(Baebele 11:1-3)

Biblia etalisi biso nzela ya kondimela Yesu Christu, kozwa biyano na makambo matali masumu, mpe kobikisama. Lisusu, etalisi biso nzela ya kozwa biyano na mabondeli mpe mapamboli na kondima. Kondima ezali nkita na ba nkita mpe fongola pona kosilisa mikakatano ya lolenge nioso. Tokoki kosepelisa Nzambe mpe kozwa biyano na mabondeli kaka tango tozali na kondima. Tokoki kobikisama mpe kokende Lola kaka na kondima.

Kasi ezali na mingi oyo bakendaka egelesia mpe balobaka ete bandimela Nzambe, kasi bazali na assurance ya lobiko te, mpe bakozwaka biyano na mabondeli na bango te. Malako 9:23 elobi ete, "Nde Yesu Alobi na ye, "SSoki okoki?' Nioso ekoki nab aye oyo bandimeli.'" Bongo, soki tokobondela na kondima, tosengeli kozwa biyano. Soki tozali kozwa biyano te ata soki tozali kobondela na kondima, tosengeli kotala soki kondima na biso ezali solo to te.

Bato mingi balobaka ete bandimaka kasi bakomonaka misala na Nzambe te mpo ete bazali na kondima ya solo te oyo eyebani na Nzambe. Ezali na kondima ya molimo oyo endimami mpe eyanolami na Nzambe, mpe ezali na kondima ya mosuni oyo endimami na Nzambe te.

1. Ba Lolenge ya kondima ya mosuni

Kondima ya mosuni ezali kondima na oyo ondimi ete maye okoki komona mpe kotala na miso mpe makambo maye makokani na makanisi mpe mayebi. Sik'awa, nini ezali kondima ya mosuni?

Kondima lokola boyebi

Ndakisa, tango bokoyoka ete, 'tokoki kosala mesa na koni,' boki kondima yango, ata soki bomonaki lolenge basalaki yango te. Ezali mpo ete endimami na boyebi na bino oyo boyekolaki. Na boye, soki bondimi oyo ekokanaka na mayebi na bino, ezali kondima ya mosuni. Ebengami mpe lisusu kondima ya boyebi, to kondima ya reson. Ezali na eloko moko te na lobiko mpe moto nioso akoki kozala na kondima ya lolenge oyo.

Bato batiaka makambo mingi kati na memoire na bongo na bango. Bakokanisa oyo bamonaki, bayokaki, mpe bayekolaki na baboti na bango, bandeko, ba voisin, to na kelasi, mpe bakosalela yango lokola mayebi esengami kati na bomoi na bango. Kolandana na boyebi ya lolenge nini bandimaki, bakoki kondima oyo ezangi solo lokola solo, mpe oyo ezali solo lokola lokuta. Kasi mayebi na bato makoki kozala malamu tango nioso te. Ezali na makambo na mokili oyo bato bakanisaka ete mizali malamu, kasi na sima makambo mana mamonana ete mazali sembo te. Lisusu, ba standard mpe lolenge ya kokanisa makesanaka mingi na bikolo ebele, kati na ba langi na poso mingi, ata kati na moto na moto.

Kaka Liloba na Nzambe nde ezali solo oyo embogwanaka te na koleka na tango. Tango molayi eleka, bato balakisamaka ete mabele ezalaka lokola ndembo te kasi palala. Bayekolaka ete moi ebalukaka zinga zinga na mabele, kasi te ete mabele ebalukaka zinga zinga na moi. Na lolenge moko, makambo mingi oyo toyekolaka na kelasi mpe na mokili mazali solo te.

Kasi bato bandimaka ete nioso oyo bayekolaka mazali solo,. Na lolenge oyo ata soki moto alobeli bango solo, bakokanisa ete solo ezali solo te, lokola ekokani na mayebi na bango te. Bato mingi bandimelaka Nzambe mokeli te ata na sima na koyoka Sango Malamu mpona makambo ya lolenge oyo. Mpo ete bazalaki koyekola ete theori oyo ya lokuta ebengama 'Darwinisme" ezali solo, bandimelaka bokeli te, oyo ezali mpenza solo.

Darwinisme ezali solo te kasi theory na lokuta oyo bato babimisa na makanisi na bango. Ata soki ba mbula milliard eleki, mbisi akoki te kokoma nyama na mokili, mpe mikomboso bakoki kokoma bato te. Kasi baye oyo bayekola ete ekoki kosalema bakanisaka ete Darwinisme ezali mpenza solo. Soki bayoki ete Nzambe mokeli akelaka makambo nioso na Liloba na Ye, bakokanisa ete ezali makambo ya pamba.

Ezali mpe na bato oyo bandimelaka Nzambe na nguya nioso kasi bandimelaka mobimba na Biblia te, kasi bakondimaka kaka biteni oyo bikokani na ba theory mpe mayebi na bango. Soki tokosalela mayebi na theory na mokili mpona kolimbola Biblia, ezali na makambo mingi oyo tokososola te. Kati na mokili esengeli ezala na biloko mpona kosala eloko. Kasi Biblia elobi ete likolo mpe mabele makelama kowuta na eloko te, na Liloba na Nzambe, Nde, bakoki kondima yango te.

Lisusu, bakoki te kososola misala ya Molimo Mosantu oyo ekoki kosalema na makoki na bato te. Bongo, tango bakotanga likolo na bilembo na bikamwa kati na Biblia, bakokanisa ete esalemaki te kasi ezali kaka masese to elimbweli. Soki elobi ete

Petelo atambolaki likolo na mai, bakolimbola yango ete atambolaki na zelo na ebale. Soki moto alobi ete bokono na ye ebikisamaki na komela kisi mpe lipaso, bakondima. Kasi tango bakoyoka ete moto abikaki kaka na mabondeli, bakobeta tembe mpe bakondima ete esengeli kozala na likambo mosusu nakati.

Kasi kondima ya lolenge oyo ezali na eloko moko te na Nzambe. Ezali kondima ya molimo te na oyo tokoki kozwa lobiko. Kondima ya solo ezali kondima ete maloba nioso kati na Biblia mazali ya Nzambe mpe malobeli mpenza solo na kolandaka te mayebi nini bango bazali na yango.

Kobongola kondima

Bato misusu bazali kobondela makasi, konsanjola Nzambe na mpiko mpe bakokambaka Bokristu malamu mpona kozwa biyano na bosenga kati na mitema na bango. Kasi soki bakozwa biyano noki noki te, bakobanda ko beta tembe. "Ezali mpenza Nzambe, na bomoi ? Azali mpenza koyanola mabondeli na ngai?" soki babandi kobeta tembe lolenge oyo, bakolemba.. Nde, bakokanisa ete ata biyano bazwaka liboso to matatoli ya bato misusu mpona kozwa biyano misalemaki kak bongo.

Yacobo 1:6-7 elobi ete, "Kasi asenga na kondima, abeta tembe te mpo ete ye oyo akobeta tembe azali lokola mbonge na mai kopusama na mopepe mpe kotambola tambola epai na epai. Moto na motindo na yango abanza te ete akozwa eloko epai na Nkolo."

Tokoki te koloba ete bondimi oyo ya kobetaka tembe mpe oyo ebongwanaka ezali kondima ya solo.Malako 11:24 elobi ete, "Bongo nazali koloba na bino ete biloko nioso ezali bino kobondela mpe kosenga, bondima ete bosili kozuwa yango mpe mikozala na bino." Lolenge mikomama, tosengeli kondima ete tosili kozwa yango, kasi te ete tokozwa miango.

Ezali lolenge moko na makambo matali bokono. Eteni ya mibale ya 1 Petelo 2:24 elobi ete, "...na mapipi maYe bobikisamaki." Na pene pene na ba mbula 2000 eleka, Yesu Anyokwamaki mpe Asikolaki bison a masumu na biso na bilakeli mabe nioso, mpe biso bato tondimeli yango tobikisami. Bongo, soki tokoyamba mabondeli na kondima, tokozala lisusu na pasi te kati na bomoi na biso, kasi tokozala na esengo na matondi mpe tokotondisama na elikya. Lisusu, kondima na biso ekoki kondimama lokola kondima ya solo kaka tango kondima na biso ekotepatepa te, ata soki tozali na bilembo sik'awa te.

Kondima oyo ezanga misala ekufa

Koyeba Liloba na Nzambe mpe kondimela yango ezali makambo mibale ya kokesana. Tosengeli kondimela Liloba na Nzambe kati na bongo na biso te, kasi na mozindo ya mitema na biso, nde kaka wana nde misala na biso mikolanda kolandana na Liloba. Ndakisa, Nzambe Alobi ete Akotika bino bobuka oyo bolonaki. Yango ezali mobeko ya mokili na molimo oyo etiamaka na makambo nioso, ata santé mpe bozwi.

Mwasi mokufeli mobali na salepata apesaka bilei na ye ya suka epai na Elia tango ya nzala molayi, nakotosaka mobeko na Nzambe na kondima. Na makanisi na bato bilei mana mizalaki lolenge moko na bomoi mpona ye mpe akokaki te kopesa yango. Kasi atosaki na misala milandisama mpo ete andimaki. Mpelifiti, ezali ete azwaka mapamboli na lolenge oyo ete nzungu ya fufu esilaki te mpe Mbeki na mafuta ekawukaki te (1 Mikonzi 17).

Na loboko mosusu, ba oyo bazali na kondima ya mosunibayebi makambo oyo na ba bongo na bango, kasi tango bazali na pasi, bakoki kosala te. Soki bazali na makoki ya kobika yakokoka te, tango mosusu, bako pesa moko na zomi ya kokoka te mpe bakokoma maboko makasi mpona kopesa mabonza ya lolenge lolenge. Soki solo bandimaka ete Nzambe akofuta bango na mapamboli mpona nini nini bango balonaki liboso na Nzambe, bakozala moyimi te. Kasi, mpo ete bayebi yango kaka lokola mayebi, misala na bango mikolanda te.

Mpona ndakisa mosusu, ezali lolenge moko na likambo ya bokono. Soki solo bokondimaka ete Nzambe Azali solo oyo Azalaki mpe na Nguya nioso, mpona nini bosalela lolenge na mokili tango bozali na bokono? Bato batielaka Nzambe elikya na misala te mpo ete bayebi nguya na Nzambe kaka na mayebi kasi bandimelaka yango na mitema na bango te. 2 Mikonzi 16:12-13 elobelaka bokono ya Mokonzi Asa mpe kufa na ye.

It says, Elobi ete "And in the thirty-ninth year of his reign Asa became diseased in his feet. His disease was severe, yet even in his disease he did not seek the LORD, but the physicians. So Asa slept with his fathers, having died in the forty-first year of his reign.", "

Mokonzi Asa abikaki na mobeko mpe alingaki Nzambe tango amataki na ngwende mbala liboso. Tango mama na ye Maaka angumbamelaki ekeko, alongolaki ye na esika na mama Mokonzi. Kasi tango abandi kokoma lofundu na koleka,

Nzambe Abalolelaki ye mokongo. Na suka azuaki bokono, kasi atiaki elikya na bato. Atalisaki epai na minganga ebele kasi kaka na pamba. Suka suka akufaki na bokono yango. Na makomi oyo, tokoki kososola ete Nzambe Asepelaka na misala oyo ewutaka na kozanga kondima te.

Ezali lolenge moko na makambo nioso. Biblia elobeli biso ete 'Tosepela tango nioso', 'topesa matondi na makambo nioso', 'tobondela na kolemba te', 'Tolinga bayini na biso', mpe tozala na kimya na bato nioso'. Ata soki tokangi makomi nioso, ba oyo basalelaka yango te bazali kaka na kondima ya mosuni, mpe bakoki te komona misala na Nzambe. Yacobo 2:6 elobi ete, "Lolenge moko nzoto ezangi molimo ekufa, nde kondima ezangi misala ekufa." Tosengeli kobanza ete tokoki te kozwa biyano na mabondeli to mapamboli ata lobiko, mpo ete tozwa kondima oyo elandisamaka na misala.

2. Lolenge ya kondima ya molimo

Tokoki kobikisama mpe kokende na Lola, to kozwa boyano na mabondeli na biso kaka na kondima. Kondima oyo esengeli kozala ya molimo oyo ekoki kondimama na Nzambe. Ata tokoloba ete tondimela, tokoki te kozwa lobiko to biyano na mabondeli kaka soki kondima na biso ezali ya molimo oyo endimamaka na Nzambe. Sik'awa, nini ezali ba lolenge ya kondima ya molimo?

Kondima ya kondima kozalisama ya eloko bisika eloko ezali te

Tango misusu Liloba na Nzambe ekoki te kondimama na makanisi na biso mpe mayebi. Kasi, soki tozali na kondima ya molimo, tokondimela Liloba nioso na Nzambe ata nini. Tango tondimeli na lolenge oyo, kondima na biso ekobongwana te na kotalaka circonstance te. Kondima oyo ezali kaka eteni na mayebi te. Ezali kondima oyo etalisamaka na misala. Soki tozali na kondima oyo ya molimo, tokoki kozwa biyano na makambo oyo makoki kosalema te na makoki na bato. Biblia elimboli kondima na lolenge oyo:

"Kondima ezali elendiseli na biloko bikolikia biso; ezali mpe elimbweli na biloko bizangi komonana. Pamba te na yango, mikolo bazwaki matatoli" (Baebele 11:1-2).

Awa, 'Elimbweli na biloko bikolikia biso' elakisi ete tozali na assurance na lobi na biso lokola tosi tozwaki yango, nde na sima ekokoma solo. Ndakisa, ba oyo banyokwamaka na bokono bakolinga kozongela nzoto malamu. Mpona elikya na bango kokoma solo, basengeli kozala na kondima. Mpe, soki tokozala na kondima oyo Nzambe Asengaka biso tozala na yango, mposa na nzoto malamu na biso ekozala likambo oyo esengeli.

'Elimbweli na makambo mamonani te' elakisi kondima na molimo na oyo tokoki komona na miso na molimo, makambo oyo makoki komonana na miso ya mosuni te. Nde, ezali bondimi ya kondima misala ya kokela biloko esika eloko ezali te.

Ba Tata na kondima bazuaki oyo bazalaki kolikya na kondima ya solo.bazuaki bilembo ya komonana na makambo mamonani te, bongo na komonaka nguya na Nzambe oyo Akelaka makambo bisika eloko ezali te. Na kondima, batelemisaki moi na sanza, bakabolaki mai motane, balonga bitumba, mpe basekwisa bawa.

Ba oyo bazali na kondima ya molimo bakoki kondima ete na ebandeli Nzambe Akelaka Ba Likolo na mabele mpe makambo nioso kati na bango na Liloba na Ye. Yango esalemaka kala liboso na moto kokelama mpe moto moko te amonaki yango. Kasi mpo ete tokoki kondima kokela eloko bisika eloko ezali te, tobetaka yango tembe soko moke te.

Bongo, Baebele 11:3 elobi ete, "Mpona kondima, tososoli ete mokili ezalisamaki na Liloba na Nzambe, bongo biloko bikotalaka biso bibimaki na biloko bikomonana te."

Tango Nzambe Akelaki ba likolo na Nse na ebandeli, Alobaki ete, "Tika Pole ezala," mpe pole ezalaki. Tango Alobaki, "Tika ete mabele ebimisa matiti,mpe ndunda nab a mbuma na yango, mpe ba nzete na ba mbuma na kolia ma mabele kobimisaka ba mbuma na nkona na kati na yango," ezalaki bongo.Etando nalikolo mpe makambo nioso kati na yango mikelamaka na biloko mizalaki te. Kasi bato mingi bakoki kondima te ete eloko ekelama tango eloko ezali te. Ezali mpo ete bayekola to bamona te eloko esalema tango eloko ezali te na loboko.

Kondima ezwamaka kaka tango epesami na Nzambe

Bato bakoki kozwa kondima oyo na molimo kaka mpo ete balingi yango te. Tokoki kozwa kondima ya molimo kolandana na etape kati na kondima oyo Nzambe Apesa na moko na moko.

Baloma 12:3 elobi ete, "Mpona likabo na ngolu lizwi ngai, nazali koloba na moko na moko kati na bino ete boleka te na komikanisa bino mpenza na motindo mobongi te. Kasi bomitanga na makanisi na sembo, moto na moto lolenge moko na likabo na kondima oyo Nzambe apesi ye."

Soki bato bakoki kozwa kondima na molimo lolenge balingi, ekozala na kokoso mingi na mokili oyo. Ndakisa, toloba ete moteki alobi ete, "Nkolo, tika ete mosombi moko te akende na magasin ya pembeni na ngai, tika ete baya kaka epai na ngai." Toloba ete moto oyo ayinaka moto pembeni na ye mingi, abondela ete, "Tika moto wana akota na likama ya motuka." Soki bato wana bakoki koyanolama, mokili ekozala na likama monene.Bongo, Nzambe na sembo Apesaka kondima oyo mpona kozwa biyano kaka na baye bandimami mpona biyano. Bato ya lolenge oyo bakobondela na mabe te.

3. Kozwa kondima ya molimo

Na Malako 9:22, tata moko oyo muana na ye ya mobali akangamaki na milimo mabe ayaki epai na Yesu mpe alobaki ete, "Ekobwakaka ye kati na moto mpe kati na mai mpo na koboma ye. Kasi soki okoki kosala eloko sunga biso mpe yokela biso mawa!" Awa, nini tata oyo alobaki, "soki okoki kosala eloko sunga biso mpe yokela biso mawa!" ezali esakola na kondima te. Azalaki kaka kolikya moke na libaku malamu.

Bongo, Yesu Alobeli ye ete, " 'Soko nakoki!' Nioso ekoki na moto na kondima." Tata na elenge angangi nokinoki ete, Nazali kondima; sunga ngai na tembe na ngai." Liboso alobi ete, "Nazali kondima," kasi sima alobi, "sunga ngai na tembe na ngai." Nde, yango ekoki komonana na tina te. Kasi ezali ete limbola na molimo kati na liloba moko na moko ekesana.

Tango moto alobaki ete, "Nazali na kondima," ezalaki esakola na kondima na mosuni na ye. Elingi koloba ete, ayokaki likolo na Yesu mpe ayebaki Ye na boyebi. Ayokaki solo masolo mingi likolo na Yesu. Ayokaka ete Yesu Atalisaka misala na nkamwa na nguya makasi na kobimisa milimo mabe; kofungola miso na bakufi miso, koyokisa bakufi matoyi, mpe balobaka te baloba. Mpo ete ayokaka ba sango mpe ayebaki nini ezalaki kosalema, alobaki ete andimi na boyebi na ye.

Elandi, alobi ete, "Sunga kozanga kondima na ngai." Na kolobaka boye, moto oyo asengaki kondima ya molimo mpona kozwa eyano, mpo ete asosolaki ete azalaki na kondima ya molimo te mpona kozwa eyano, mpo ete asosolaki ete azalaki na kondima ya molimo mpona kozwa biyano te ata soki azalaki na kondima ya koyeba na koyoka sango. Tango Yesu Amonaki moto oyo kosenga na motema ya komikitisa boye, Apamelaki molimo mbindo, nakopamela yango ete, "Yo molimo na ebubu, nazali kolakela yo, bima na ye mpe kotela ye lisusu te." Nde, molimo mabe abimaki mpe muana akomaki malamu.

Na ebandeli tata na muana oyo azalaki kaka na kondima ya boyebi, kasi na kosengaka Yesu, ayaki kozwa kondima ya molimo. Mpe na kondima oyo ya molimo, muana na ye akomaki malamu na mosala na Nzambe.Sik'awa, lolenge nini tokoki kozwa kondima ya milimo?

Kweyisa makanisi nioso mpe mayebi maye mamemaka tembe

Lolenge elobama na 2 Bakolinti 10:5, "Tozali kokweisa maloba mpebisika milai nioso bizali kotelemela boyebi na Nzambe. Tozali kokanga makanisi nioso na nkanga ete matosa Kristu," Tosengeli tokweisa makanisi nioso na mayebimako telemela biso mpona kozwa kondima na molimo.

Mayebi na biso nioso, makambo tososola, lolenge na kokanisa mpe bomoto na biso nioso te bizali sembo. Kaka Liloba na Nzambe nde Ezali solo ya seko. Soki tokotelema na mayebi na biso mpe makambo tososola ete mizali sembo, tokoka te kondima Liloba na Nzambe to kozala na kondima ya molimo.

Bongo, mpona biso kozwa kondima ya molimo, tosengeli liboso kolongola makanisi nioso mpe makambo tososola maye mamemaka biso na tembe ya Liloba na Nzambe kati na Biblia. Ata soki tokendaka ndako na Nzambe mpe mayangani, soki tozali na kondima ya molmio te, tokozwa lobiko te to biyano na mabondeli na biso.

Ntoma Polo azalaka na kondima na mosuni liboso nakokutana na Nkolo. Asosolaka Yesu te kasi anyokolaka baye bandimelaka Ye. Kasi kobanda mokolo akutanaka na Nkolo na nzela na Damasi, akweisaki mayebi nioso mpe makanisi mpe ayaki kozwa kondima ya molimo na oyo atosaki kaka Kristu. Mpe suka suka akomaki ntoma monene oyo akambaki sango malamu epai na bapaya mpe atiaka moboko ya koteya sango malamu na mokili mobimba.

Yoka mpe yekola Liloba na Nzambe nokinoki

Mpona kobongola kondima ya mosuni na oyo ya molimo, tosengeli koyoka mpe koyekola liloba na Nzambe na molende lolenge Baloma 10:17 elobi ete, "Boye kondima euti na koyoka mpe koyoka euti na Liloba na Kristu." Soki tozali koyekola Liloba na Nzambe te, toyebi solo te mpe tokoki kosalela yango te. Nde ezali na motuya mingi ya koyoka mpenza mpe koyekola Liloba na Nzambe.

Kasi yango esengeli te kozala suka. Soki tokotondisa kaka mayebi mpe tozali kosalela yango te, tokoki kokoma lolendo. Nzambe Apesaka kondima ya Molimo na bato ya lolenge oyo te. Mpona Liloba na Nzambe oyo efandisami na mitema, kobongwana kondima ya molimo kati na mitema na biso, ezali na nzela ya kolanda. Yango ezali ete, esengeli misala ya kotosa Liloba na Nzambe lolenge ekomama elanda.

Ndakisa, ata soki bokangi makomi na musiki na piano malamu, elobi te ete bokoki kobeta yango malamu mingi. Ata soki botangi buku ya masano na golf, elakisi te ete bokoki kobeta yango malamu. Bosengeli komeka kobeta piano mpe kobeta golf kolandana na ba buku na yango.

Ezali lolenge moko na Liloba na Nzambe. Ata mbala boni bokotanga mpe koyoka Liloba na Nzambe, ekozala na tina te soki tokosalela yango te. Tosengeli te kaka koyeba yango; tosengeli kotondisa mitema na biso na solo, Liloba na Nzambe, na misala. Kotondisa mitema na biso na solo elakisi ete tolongoli lokuta lokola koyina, koswana, likunya, kolula mpe makambo misusu oyo Nzambe Asengi na biso tolongola. Tosengeli kombongwana na bato na solo baye bamikitisi, basalelaka mpe bakolukaka lifuti na baninga, mpe bakolingaka ata bayini na bango. Nzambe apesaka biso kondima na molimo na kotalaka misala na kotosaka Liloba.

Ya solo, ata soki tokomeka kotosa, ezalaka na ba tango tokokaka kotosa na mbala moko te. Tomekaka kolinga basusu kolandana na Liloba na Nzambe, kasi tokoki te kolongola koyina na mitema na biso mpe tango mosusu tokosilikaka ata soki tolingaki te. Bongo, tosengeli kobondela makasi mpona kozwa makasi ya kotosa. Soki tokoki kotosa te ata na mabondeli, tokoki kopesa mabondeli, mabondeli ya butu mobimba, to ata kokila mpona kozwa makasi. Soki tokoluka ngolu na Nzambe mpe nguya na mitema na biso ya solo, suka suka Nzambe Akopesa biso makasi ya kotosa. Tokokoka kozwa kondima ya molimo kaka soki tokokoba na kotosa Liloba.

Tango tozwi kondima ya molimo na kosalelaka Liloba, mapamboli ekoyeila biso lolenge Nzambe Alaka. Milema na biso mikofuluka, tokozala na ba nzoto makasi, mpe bosenga na mitema na biso ekopesama. Sima na biso komona mapamboli mana, tokokoka kotosa ata makambo minene, mpe na nzela na makambo wana, tokoki kozwa kondima eleki.

Tika na pesa bino ndakisa mpona lisosoli malamu. Likambo elobaka ete, "mposa na bino yakomela ekosila soki bomeli mai," ezali kaka boyebi. Tango bozalaki na posa na mayi, bondimaki likambo oyo mpe bomelaki mayi, mpe posa na bino esilaki. Bongo, mpe yango ekomaki kondima nde na ngonga wana, bobanda kosenga mbala moko mai soki boyoki posa. Na lolenge bozali kosalela boyebi na bino, nde sik'awa bokondima yango kati na mitema na bino.

Ezali lolenge moko na liloba na Nzambe. Tango bozali koyoka Maloba na Biblia, soki bokotosa ata na kondima moke lokola mboto na senapi, bokozwa experiance ya kondima na lolenge bozali kosala. Na nzela wana, bokoki kozwa kondima ya molimo. Nde, na lolenge kondima wana ya molimo ekopesama na likolo, bokoki noki noki kosala kolandana na Liloba, na tango ekoya.

Soki kondima na bino ya molimo ekoli mpe ekomi ya kokoka, bokoka kotosa eloko nioso ata soki Nzambe Asengi na bino bosala eloko ekoki te.

Bongo, na sima na koyoka oyo, basusu bakoki komituna, "Nabikaka mpenza na Liloba te mpe nazali kaka na kondima ya moke, bongo yango elakisi ete nakoki kozwa biyano na mabondeli na ngai te?" Yango te. Na kotalaka te etape kati na kondima ya moko na moko, kaka soki sani na biso ebongisami pona kozwa eyano na likambo songolo, Nzambe Akopesa biso eyano ya molimo mpona likambo yango. Ndakisa, tango moto alingi kobika na bokono na ye, asengeli te kaka kotatola na bibebo na ye ete andimi kasi asengeli kotalisa bilembo ya kondima na ye mpe abongisa sani mpona kozwa biyano. Mingi, asengeli kobonza mabondeli, kokila, mpe mabondeli ya butu mobimba, mpe apesa mabonza, mpe noki noki asala makambo esepelisaka Nzambe. Tango sani ya biyano ekokisami na kotondisaka misala na kondima, Nzambe akopesa ye kondima ya solo na motema na ye, mpe na nzela ya kondima wana akobika.

Na nzela oyo, ba oyo na etape ya likolo kati na kondima bakoki kozwa biyano na pete mingi. Ezali po ete, solo ya malasi ya mabondeli na bango ekozala makasi mpe kitoko koleka ya ba oyo na kondima moke. Kasi eloko ya motuya koleka mpo na bino kozwa kondima ya koleka ezali ete bisika na bino ya kobika na Lola ekokesana kolandana na etape na bino kati na kondima.

2

Bokonzi na Lola ekamatami na makasi

Bitape kati na Kondima

"Longwa na mikolo na Yoane Mobatisi kino sasaipi, bokonzi na Likolo ezwi minyoko mpe banyokoli bazali kokamata yango na makasi" (Matai 11:12)

Matai 11:12 elobi ete, "Longwa na mikolo na Yoane Mobatisi kino sasaipi bokonzi na Lilkolo ezwi minyoko, mpe banyokoli bazali kokamata yango na makasi." Lola ezali bokonzi na Nzambe oyo Azali Pole. Ezali bisika na pole oyo moyini zabolo na Satana bakoki ata kopusana te.kasi lolenge kani ezwi minyoko mpe nani akoki kozwa yango na 'makasi'?

Eteni oyo etalisi ete bana nioso na Nzambe ba oyo babikisami bakokende na Lola na kondima, mpe ezali na nzela mpona bango kokoma na kondima ya kokoka. Moto nioso asengelaki kokweya na Lifelo mpona masumu, kasi moto nioso oyo andimeli Yesu Christu akoki kobikisama mpe akenda na Lola.

Kasi moyini zabolo na Satana bamekaka kotungisa bato na kotelemelaka bango mpo ete bandimela sango malamu te. Bakomekaka ata baye oyo basi bandimeli Nkolo basumuka.Biso bandimi tosengeli kobunda na moyini oyo zabolo na Satana mpe tozwa bokonzi na lola na makasi.

1. Longwa na mikolo na Yoane Mobatisi kino sasaipi

Tango tokolonga na etumba na biso na milimo mabe, tokoki

kozwa bisika malamu na Lola na makasi. Kasi elobama ete, Bokonzi na Likolo enyokwami "Longwa mikolo na Yoane Mobatisi kino sasaipi."

Yoane Mobatisi azali moto oyo abongisaki nzela na Yesu. Atatolaka Yesu mpo ete Yesu akokisa mosala na Ye. Nde, 'Longwa mikolo na Yoane Mobatisi kino sasaipi' elakisi ete mikolo na Yesu Christu mpe mikolo na sango malamu wapi tozwaka lobiko na kondima. Awa, tika tozonga sima noki noki na makambo matali lobiko na boyokani na kala mpe na boyokani na sika.

Boyokani na kala ezalaki ekeke ya Mobeko. Babikisamaki na misala na Mobeko. Basengelaki kobatela mobeko nioso, mpe soki basalaki masumu na kobuka mobeko, basengelaki kobonza mbeka ya masumu mpona kobikisama na masumu na bango. Kasi, boyokani ya sika ezali tango ya Molimo Mosantu mpe ya ngolu. Ezali mpo ete tozwaka Lobiko kaka na kondimela Nkolo Yesu, na kopesa mbeka ya masumu te. Tobikisami na masumu na biso na nzela ya makila ma Yesu Christu mpe Nguya na Molimo Mosantu.

Kasi bato misusu basosolaka yango malamu te. Bakanisaka ete, lokola na boyokani ya kala bisika basengelaki kobatela Mobeko na misala, kasi sik'awa na mikolo ya boyokani ya sika bako limbisama masumu na bango mpe bakozwa lobiko kaka na kotatolaka na bibebo na bango ete, "Nandimeli," ata soki bakosumuka. Kasi likanisi oyo ezali sembo te. Kobikisama na misala kati na boyokani na kala alakisi ete ata soki bazalaki na mabe kati na mitema na bango bazalaki kokatela bango te, na lolenge bakolakisa yango na misala te. Kasi, na Boyokani ya sika, kaka na kozala na masumu na motema ezali lisumu ata soki tokosala masumu na misala te. Soki tokoyina ndeko, tokokani na mobomi. Soki tozali na moyimi, tokokani na miyibi. Soki tokosala masumu na misala, ezali kutu masumu monene koleka.

Bagalatia 5:19-21 elobi ete, "Misala na nzoto mimonani polele, yango oyo: ekobo, makambo na bosoto, pite, kosambela bikeko, ndoki, nkaka, kowelana, zua, nkanda, kolulela, kokabwana, koponapona, koboma bato, kolangwa masanga, bilambo na lokoso mpe makambo na motindo na yango. Nazali kokebisa bino lokola ekebisaki bino ngai liboso ete baoyo bakosalaka makambo yango bakota bokonzi na Nzambe te."

Ba oyo basalaka misala ya nzoto bakoingela na bokonzi na likolo te. Libanda na eteni oyo, ezali na biteni mingi kati na Biblia oyo ekebisi biso ete ba oyo bakosalaka masumu bazali na lisanga moko te na Nzambe. Mokano na Nzambe pona biso ba oyo tokobika lelo, ezali ete tosengeli kolongola masumu kaka na misala te kasi ata mabe na mitema na biso.

Bongo, ezali pasi mpona baye bakobika na boyokani na sika kobika, mbe ba oyo na boyokani na kala? Ezali bongo te. Na boyokani na kala, basengelaki kobatela mobeko na makoki na bango moko mpe makasi, kasi na mikolo na boyokani ya sika, tokoki kobwaka masumu na makasi na biso te kasi na nguya na Molimo Mosantu.

Baloma 10:10 elobi ete, "...Pamba te kondima oyo ekomisaka moto na boyengebeni ezali na motema, mpe eyambweli ekomisaka moto na lobiko ezali na bibebo.. Ba oyo bandimaka mpenza kati na mitema na bango bakosalela solo Mobeko. Soki tondimi ete Nzambe Azali Tata na biso mpe Yesu Azwaka ekulusu mpona masumu na biso, tokomeka kobwaka masumu.

Soki tokobatela kaka Liloba na Nzambe lokola boyebi te kasi tokondimaka solo bolingo efandi na ekulusu, tokosalela mibeko mpe tokokoma bayengebene. Yango esepelisaka Nzambe. Ba oyo bamesana kosala mabe bakosala malamu mpe ba oyo bameseneke na kokosa mpe koyiba bakokoma bato malamu. Ba oyo bameseneke kosilika bakokoma na kimia mpe na kokanga motema. Ezali te kaka bisika oyo moto akomiboya mpona kosala masumu na boyebin oyo bazwa to ba pete na bango, kasi bakolongola mosisa na masumu yango moko na motema na bango, mpe bakokoma sembo mpe babulisami.

Moto akoki komibongola na makasi na ye moko te. Ekoki kosalema kaka na makila motuya ya Yesu Christu mpe nguya na Molimo Mosantu oyo esungaka biso. Ndakisa, bato na mokili bakomonaka yango pasi mingi ata kotika makaya. Bakozwa ekateli ya kotika kati bakobandela mbala na mbala. Kasi tango bokoyoka matatoli na bandimi, balobaka ete bakokaki kotika masanga mpe makaya noki noki, na lolenge bayambaki misala na Molimo Mosantu na sima na kondimela Nkolo.

Tango tondimeli Nkolo na motema mpe tokomeka kolongola masumu na biso, nguya na Molimo Mosantu ekokitela biso mpo ete tokoka kobwaka kaka masumu na misala te kasi ata masumu ya mbotama na mitema na biso. Bongo, mitema na biso mikokoma yakosukolama mpe petwa lokola oyo ya Nkolo. Mpo ete tokoki kozwa lisungi na Molimo Mosantu, ezali pasi te mpona kozwa lobiko na kondima mpe kolongola masumu na ekeke na Boyokani na sika.

2. Bisika mikabolama

Kozwa bokonzi na Likolo na makasi elakisi te kaka kokota Lola na kokimaka etumbu na lifelo. Bokonzi na Likolo ekabolama na bisika ebele mpe mizali bisika malamu koleka misusu, bongo elakisi ete tokolikya bisika mpe tokozwa bisika malamu na makasi.

Tosengeli koyeba ete bokonzi na Likolo ezali likolo na mapata na biso tokomonaka na miso na biso ya bomoto te. Bokonzi na Likolo ezali kati na Lola ya Molimo, mpe Lola oyo na molimo ezali na dimension mosusu ekesana na oyo ya mosuni. Lola ya molimo ekabolama mpe na bisika bikesana.

Nehemia 9:6 elobi ete, "Yo Ozali YAWE, bobele Yo mpenza; yo osalaki balikolo,likolo na balikolo, etando na lola mpe ebolo mobimba na yango, mokili mpe biloko nioso kati na yango, mai mpe biloko nioso kati na yango. Mpe Yo Ozali kobatela yango nioso; mpe ebolo na Lola ezali kosanjola Yo." Lisusu, 1 Mikonzi 8:27 elobi ete, "Solo Nzambe Akofanda na mokili? Tala Lola mpe likolo na Lola ikoki kozingela Ye te, na koleka ndako oyo ngai natongeli Yo yango ekoki te!"

2 Bakolinti 12:2 elobeli likolo na molimo na ntoma Polo kobuta kino na 'likolo ya misato'. Soki ezali na likolo ya misato, esengeli ezala na oyo ya liboso mpe ya mibale, mpe ekoki mpe

kozala na likolo eleki oyo ya misato. Kati na ba likolo mingi na mokili na molimo, likolo na misato oyo ntoma Polo alobeli ezali likolo ya misato bisika ezali na bokonzi na Likolo. 2 Bakolinti 12:4 elobi ete, Ye (ntoma Polo) akamatamaki na Paladiso, ayoki makambo mayebi kolobama te oyo moto akoki koloba te."

Bongo, bisika ya lolenge nini Paradiso ezali? Miyibi mibale babakamaki elongo, na bisika moko tango Yesu Abakamaki na ekulusu, mpe moko na bango andimelaki Nkolo liboso na kokufa. Paradiso ezali bisika mpo na ba oyo bauti kondimela Nkolo mpe bazwi kaka kondima mpona lobiko, lokola moyibi oyo. Ezali bisika ya nse koleka na bokonzi na Lola. Bato wana babikaki te kolandana na Liloba na Nzambe. Lisusu, basalaki mpo na bokonzi na Nzambe te, bongo bazali na lifuti na lola te.

Lisusu, na emoniseli chapitre 21, tomoni makambo likolo na engomba na Yelusalema ya Sika oyo Ntoma Yoane amonaki. Ezali engomba bulee mpe na nkembo na miboko zomi na mibale na mabanga na talo 12. Yango ezali bisika na nkembo koleka na Lola. Ngwende na Nzambe ezalaka kuna mpe ba oyo na kondima monene na kobatelaka Liloba na Nzambe na mobimba, mpe bakolisi yango mpenza kati na mitema na bango.

Kati na Yelusalema oyo ya sika na Paradiso,ezali na bisika

misusu mitombwama mpona kobika. Kati na yango, ezali na bokonzi ya 1, ya 2, mpe ya misato na Lola. Etape na bino kati na kondima ekokata bisika nini ya kobika bokokota. Na lolenge bolongi moyini zabolo na Satana ba oyo bamekaka bino, bokobunda mpe bokolongola masumu kino kotangisa makila, mpe bobongoli mitema na bino na oyo ya solo, bokozwa makoki ya koingela na bisika malamu na kobika.

3. Kozwa bisika malamu na kobika na makasi

Na lolenge kondima na biso ezali kokola, tokozala na makoki ya kokota na bisika malamu ya kobika na Lola, yango nde kozwa bokonzi na likolo na makasi. Na Matai 13:31-3, Yesu Apesi biso lisese likolo na bokonzi na likolo kokamatama na makasi. Elobi ete, "Bokonzi na Likolo ezali lokola momboto na sinapi mokamataki moto mpona kolona na elanga na ye. Yango ezali moke koleka momboto nioso, nde, ekokola yango, ezali nkona nioso oyo eleki monene mpe ekokoma nzete mpenza, BANDEKE NA LIKOLO bakoya kotonga ZALA KATI NA BITAPE NA YANGO."

Momboto na sinapi ezali nkona moke koleka ba nkona nioso, nde ezali monene lokola moto na biki. Kondima ya ba oyo bauti kobikisama ezali monene lokola momboto na sinapi. Kasi soki baloni nkona na mabele na mitema na bango mpe bakotalaka yango malamu mpe bakokolisa yango, kondima na bango ekokola koleka. Nzete oyo ekoli mpenza mpe ezali na likama ten a mopepe makasi. Kaka lolenge ba ndeke mingi bakofanda mpe kosala ba zala nab a nzete minene, ba oyo na kondima monene bakoki koyamba milimo ebele. Bakoki kolona bomoi kati na kondima mana mike mpe kopesa bango bopemi na molimo. Soki bokoki koyamba milimo mingi kati na mitema na bino, elakisi ete bozali na mitema minene, mpe na bokonzi na likolo, bokobika na bisika minene mpe kitoko na koleka.

Ata biloko ya kitoko to ya esengo koleka na mokili oyo mikoki ata kobanda te kokokana na Lola. Ata bisika ya nse mpo na kobika na Lola, Paradiso, ezali kitoko mingi koleka esika ya kitoko koleka na mokili oyo. Lisusu, Bokonzi ya liboso na lola ekoki te kotalisama na Paradiso, mpe bokonzi ya mibale ekoki te kotalisama na bokonzi ya liboso. Mpe tokoki koloba ete bokonzi ya misato ekesana mpenza na oyo ya mibale. Bongo, lolenge nini tokoki kolimbola na maloba na bato nkembo na Yelusalema ya sika bisika ngwende na Nzambe ezalaka?

Na Lola, ata ba nzela misalami na wolo ya petwa, mpe ezali na zelo ya wolo mpe palata na pembeni na ebale ya mai na bomoi oyo ewutaka na ngwende na Nzambe. Ba mbisi na ba langi mingi ya kitoko bakotiola kati na mai ya petwa oyo engalaka lokola mabanga na talo. Kitoko mpe solo malamu ata ya fololo moko mpe nkasa moko ekoki te kopimama na eloko moko kati na mokili oyo. Ezali na polution te, ki mobange te, kokufa te, ata kufa yango moko te. Banjelu bazali kosalela bino lokola bakonzi mpe bakozela bino. Tango misusu bazali kobeta miziki malamu mpona bino.

Bokobika seko na esengo oyo ekoki kolimbolama te elongo na Nzambe Misato mpe balingami na bino. Mingi mingi bana na Nzambe ba oyo bakokota Yelusalema ya Sika bakosepela nkembo na lokumu oyo ata empereur ya monene koleka na mokili oyo akoki te kosepela.

Ntoma Polo azwaka elikya monene boye kaka na kotalaka Paradiso, nde akokaki kozwa nzela na ye na esengo ata soki akutanaki na minyoko mingi mpona Nkolo. Soki boyei na koyeba malamu mpona bokonzi na likolo, bokososola ete makambo ya mokili oyo mizali pamba. Bokolongola ba posa nioso ya mokili mpe lolendo nioso ya pamba, mpe bokombongwana kolandana na Liloba na Nzambe mpe bokomeka kozwa bokonzi na likolo na makasi.

Bisika ya kobika na lola ekopesama na suka na koleka na bato na mokili. Ata ba oyo na kondima moke bakoki ata kokota Yelusalema ya Sika soki bakokoba na kotambola o nzela ya bokonzi na Likolo na molende. Na loboko mosusu, ata soki bozali na kondima ya kokota na Bokonzi ya liboso to ya 2 na Lola, bokoki kozonga sima na kondima na bino mpe kokende Paradiso to ata kokweya mosika na lobiko, soki bozali kolongola mabe kati na mitema na bino te.

1 Bakolinti 10:12 elobi ete, "Naboye tika ete ye oyo azali kokanisa ete azali kotelema ngwi akeba ete akweya te." Bongo, nakolikya ete bokoluka mpenza bokonzi na Likolo mpe bokokokisa kondima monene noki noki. Nabondeli na Nkombo na Nkolo ete bokobatela ngonga mpe noki noki bokokoba o nzela ya bokonzi na likolo mpe bokozwa bisika malamu na makasi.

3

Etape kati na kondima

"Kwa maana kwa neema niliyopewa
namwambia kila mtu aliyeko kwenu
asinie makuu
kupita ilivyompasa kunia;
bali awe na nia ya kiasi,
kama Mungu alivyomgawia kila mtu kiasi cha imani."
(Warumi 12:3)

"Mpona likabo na ngolu ezwi ngai, nazali koloba na moko na moko kati na bino ete, boleka te komikanisa bino mpenza na motindo mobongi te. Kasi bomitanga na makanisi na sembo, moto na moto pelamoko na likabo na kondima oyo Nzambe apesi ye." (Baloma 12:3).

Tango bato bazali kobika kati na mokili oyo, bakosalaka makasi mpona kolia bilei kitoko, kolata bilamba kitoko, mpe kobika bisika malamu. Kasi ata soki bakotoka mingi mpe bakosepela bozwi mpe koyebana mingi na mokili oyo, miango mizali kaka ya tango moke. Ezali na kufa na sima na bomoi na biso mokuse, mpe moto nioso asengeli kosambisama mpe akokende soko Lola to lifelo. Tango Lola to Lifelo ekatami, ekateli ekoki te kobalolama mpona libela.

Ata mpona baye babiki mpe bakei na bokonzi na likolo, bisika na bango ya kobika mpe nkembo mikokesana. 1 Bakolinti 15:41 elobi ete, "Nkembo na moi ezali na motindo moko, mpe nkembo na sanza na motindo mosusu, mpe nkembo na minzoto na motindo mosusu, mpo ete monzoto na monzoto na likolo ekeseni na ndenge na nkembo.."

Lolenge na bomoi oyo tokobika na bokonzi na likolo, ekokatelama kolandana na misala na biso na mokili oyo. Lolenge na bisika na kobika mpe nkembo tokosepela ekokatelama kolandana na lolenge nini tosalelaki Liloba na Nzambe, lolenge kani tolongolaki masumu mpe topetolaki mitema na biso, mpe lolenge nini tozali molende mpona bokonzi na likolo. Bongo, tosengeli tango nioso kotala etape kati na kondima na biso mpe tomeka kozwa kondima monene koleka.

1. Etape kati na kondima oyo epesamaka na Nzambe

Baloma 1:3 elobi ete, "Kasi bomitanga na makanisi na sembo, moto na moto pelamoko na likabo na kondima oyo Nzambe apesi ye." Oyo elobeli biso malamu ete moto nioso azali na etape ekesana kati na kondima.

Bamingi balobaka ete bandimelaka Nzambe Mokeli mpe Yesu Christu lokola mobikisi na bango moko. Kasi etape na moto na moto ekesana. Ndakisa, ezalaki na moyibi oyo abakamaki pembeni na Yesu mpe atubelaki liboso na kufa mpona kobika. Mpe Petelo abonzaka bomoi na ye mobimba mpona Nkolo. Bongo, kondima na bato oyo mibale ekesana solo. Basusu bazali na kondima makasi mpenza, mpe basusu bazali na kondima moke lokola momboto na sinapi.

Ba tango misusu Yesu Akumisaki bato misusu mpona

kondima na bango monene (Matai 15:28) tango na makambo misusu, Apamelaki bato mpona kondima na bango moke (Matai 17:20). Tokoki kokumisama to kopamelama kolandana na kondima nini ya molimo tozali na yango. Ba oyo bazali na kondima monene bakozwa posa ya mitema na bango mbala moko. Kasi basusu na kondima moke basengeli kobonza mokolo na kokila to mabondeli makasi, nde basusu basengeli kobondela ba sanza mingi to ata ba mbula.

Ezali na bitape ya kokesana kati na kondima, mpe kolandana na lolenge nini tozali kobika na Liloba na Nzambe, bitape mingi ekopesama na Nzambe. Tosengeli kososola awa mpe kobongwana lokola bato na solo. Tika totala ba ndakisa kati na Biblia oyo elobeli biso likolo na bokeseni na bitape kati na kondima.

2. Bitape kati na kondima mpe bokoli na bato

1 Yoane 2:12-14 elimboleli biso na mozindo likolo na bitape na kondima ya molimo, na kokokisa yango na bokoli na bato.

"Bana nazali kokomela bino mpo ete bosili koyeba Tata. Batata, nazali kokomela bino mpo ete bosili koyeba Ye oyo Azali longwa na ebandeli. Bilenge mibali, nazali kokomela bino mpo ete bosili kolonga ye mabe.Bana nasili kokomela bino mpo ete bosili koyeba Tata,. Batata, nasili kokomela bino mpo ete bosili koyeba Ye oyo Azali longwa na ebandeli. Bilenge mibali, nasili kokomela bino mpo ete bozali makasi mpe Liloba na Nzambe eumeli kati na bino mpe bosili kolonga ye mabe."

Awa, 'Bana,' 'Bilenge mibali,' mpe 'Ba Tata' ezali mpo na mbula ya mosuni te kasi elobeli bitape kati na kondima na molimo. Muana akoki kozala na kondima monene na molimo mpe moto oyo akoli na nzoto akoki kaka kozala na kondima na molimo lokola muana.

Kondima ya Bana mike

Tango oyo ayebaki Nzambe te andimeli Yesu Christu, alimbisami na masumu na ye nioso. Akozwa likabo ya Molimo Mosantu mpe makoki ya kokoma muana na Nzambe (Yoane 1:1). Kondima oyo ezali kaka ya kokoka mpona kozwa lobiko ezali kondima ya muana moke, mpe ekokisami na kondima ya muana abotami sika.

Bayebi solo malamu te to bakomekaka kobika kati na solo te. Kasi, bayokaki sango malamu mpe bandimelaki Nkolo, nde bazali na kondima ya mondimi ya sika na oyo bakoki kozwa Molimo Mosantu mpe lobiko.

Ata babotami sika na Molimo Mosantu, bayebi Liloba malamu te. Lisusu, ata soki bayebi ndambu ya Liloba na Nzambe, bazali naino na makasi ya kobika na yango te. Ata soki bakotatolaka kondima na bango epai na Nzambe, bazali naino na bolingo monene mpona mokili. Tango momekano eyei, bazali na makoki ya kokima to ya kolemba. Ata soki tobikisama mpe tokoma bana na Nzambe, tosengeli te kotelema na etape oyo kati na kondima. Kaka lolenge ba bebe oyo babotami sika bakolaka noki noki, kondima na biso esengeli mpe kobanda kokola noki noki na bilei ya molimo ya Liloba na Nzambe.

Kondima ya bana

Tango kondima ya bana mike ekoli, ekokoma kondima ya bana. Tango ba bebe oyo babotami sika bakoleka tango ya konguluma, bakobanda kososola baboti na bango mpe biloko misusu na pembeni na bango. Kasi ata soki bakoyeba baboti na bango, bayebi mpenza eloko te likolo na baboti na bango ata kelasi na bango, ata makambo balingaka, to bizaleli na bango.

Kati nabokoli na molimo, bana etalisi ba oyo bayebi ete Nzambe azali Tata. Eteni na suka na Yoane 2:13 elobi likolo na yango, "...Nasili kokomela bino bana mpo ete boyebi Tata."

Mpona bandimi bayeba Tata, ezali ete bayeba ete Nzambe

Akomi Tata na bango. Tango ba bebe oyo babotami sika bakokola na bisika moko, bakoyeba ba mama na ba tata na bango. Lolenge moko, na lolenge tokokoba na bomoi na biso kati na kondima sima na kondimela Yesu Christu, tokososola mokano mpe motema na Nzambe.

Toyebi mpe ete tosengeli kotosa Liloba na Ye. Yango ezali limbola ya 'koyeba Tata'. Kasi tango mosusu totosaka mpe na tango mosusu tokotosaka te. Tango tozali komekama, tango mosusu tokomilela, kokanga nkanda, mpe tokolemba. Mpona yango kondima oyo ezali kondima oyo ezali kondima ya kokoka te.

Kasi bato misusu balobaka ete, "Nayebi Yesu Christu mpe Nzambe," nde bazali ata kokende na egelesia te. Bakoloba ete batangaki Biblia mbala moko to mibale, ete bazalakà baKristu na tango moko boye, to ete bayokaka likolo na BoKristu epai na moto mosusu. Kasi yango ezali solo te, ete, 'Bayebi Tata'.

Soki bayebi solo Nzambe, bayebi ete Nzambe Azali Mokeli oyo Akela Lola na mokili mpe molimo na biso, mpe ete Atinda muana na Ye ya likinda mpo ete tokoka kozwa lobiko. Lisusu, bakoyeba ete ezalaka na Lola na Lifelo mpe nzela na lobiko mpe kokende na Lola. Soki bayebi makambo mina, bango bakondimela solo Nkolo mpe bakokende ndako na Nzambe.

Kasi soki bakondimela Nkolo te mpe bakobika na boyokani moko te na Nzambe, nde ekozala solo te tango bakolobaka ete, "Nayebi Nzambe."

Kondima ya bilenge

Tango bana bakokola bakokoma bilenge mike. Na kondima, tango ba oyo bazali na kondima ya bana bakokola, bakoya na kozwa kondima ya bana mike. Na nzela na Liloba na Nzambe na mabondeli, bakoya na kososola nini masumu ezali, mpe nini mpenza Nzambe Alingaka.

1 Yoane 2:13-14 elobi ete, "Bilenge mibali, nazali kokomela bino mpo ete bosili koleka ye mabe. Bilenge mibali nasili kokomela bino mpo ete bozali makasi mpe Liloba na Nzambe eumeli kati na bino mpe bosili koleka ye mabe."

Mpo ete Liloba na Nzambe azali kobika kati na bango, bakotia elikya na bango na Lola na makambo ya mokili oyo te. Nde, bakokoka kolonga ye mabe, mingi mingi moyini zabolo na Satana. Bakokoka kobengana mimekano na moyini na Liloba. Na bisika oyo, bakoningana te ata na kati na momekano. Bakobondela na kotika te mpe bazali kolonga mimekano na matondi.

Kondima ya ba tata

Lolenge bato bakolekaka na tango ya bolenge, tango ya konzo na baposa makasi, bakokoma na esperience mingi na kozwa makoki na bososoli makambo mingi na bomoi. Bakoya kozwa esambiselo malamu, mpe bakoki mpe komikitisa na makambo mingi. Na kondima na biso mpe lokola, ba oyo bazali ba tata bakososola mozindo mpe Nzambe ya ebandeli; Bazali na etape ya likolo kati na kondima bisika wapi bakososola mokano na Nzambe.

Kondima ya ba tata ezali etape ya koyeba Ye oyo Azala wuta ebandeli, lolenge 1 Yoane 2:14 elobi, "Ba tata nasili kokomela bino mpo ete bosili koyeba Ye oyo Azali longwa na ebandeli." Ya solo, "Ye oyo Azali longwa na ebandeli"ezali Nzambe.Kasi koyeba Nzambe na etape kati na kondima oyo ezali mpenza na bokeseni na koyeba Nzambe na etape ya bana. Koyeba Nzambe na bisika oyo ya bana ezali kaka lokola bana mike bayebaka baboti na bango.

Kasi kondima ya ba tata ezali kondima ya koyeba ata makambo matali mozindo na Nzambe, mpe ebandeli na Nzambe Mokeli Monene. Ndakisa, mpo ete Mose ayebaka ebandeli na Nzambe Mokeli monene, azwa emoniseli ya kokoma ba buku tobengi pentateuque. Mpo ete Abalayama asosolaki mozindo na motema na Nzambe mpe alakisa misala malamu esepelisaka Nzambe, andimamaki lokola moninga na Nzambe. Etape oyo ezali ya koyeba Ye oyo azali longwa na ebandeli.

Tokoki kotosa Liloba na Nzambe na mobimba mpe kosepelisa Nzambe kaka tango tososoli mozindo na motema mpe orine na Nzambe. Kondima ya lolenge oyo ezali kondima ya ba tata. Ba oyo bazali na kondima ya ba tata basengeli kozala ndakisa liboso na bato ebele. Bandimaka bato ya lolenge nioso na komikitisa. Baninganakanaka te na loboko na mobali to oyo ya mwasi, na kotelemaka ngwi kati na solo. Basosolaka motema mpe mokano na Nzambe mpe bakotosaka yango, nde bakozwa bolingo mpe mapamboli na Nzambe.

3. Etape kati na kondima lolenge ya emoniseli na Ejekiele

Na Ejekiele chapitre 47, bitape kati na kondima ya kokesana elimbolami na mozindo na mai, na emoniseli oyo emonaki Ejekiele. Ejekiele amonaki emoniseli wapi mai ezalaki kotiola na nse na tempelo. Mai etiolaki zinga zinga na tempelo nde sima etiolaki libanda na tempelo.

Ejekiele 47:3-5 elobi ete, "Moto yango alekaki na liboso epai na ebimelo na tango, na nkamba na loboko na ye. Apimaki mapeko nkoto moko, mpe akambaki ngai na kati na mai, mpe mai ekomaki na kati na makesi. Apimaki nkoto moko lisusu, mpe akambaki ngai kati na mai, mpe ekomaki na mabolongo. Apimaki nkoto moko lisusu, mpe akambaki ngai kati na mai, mpe ekomaki na loketo. Apimaki nkoto moko lisusu, mpe ezalaki ebale oyo ngai nakokaki kokata te, mai ebutaki, mai na kobetabeta, ebale oyo moto akoki kokata te."

Awa, mai elakisi Liloba na Nzambe. Ezalaki Liloba na Nzambe nde ebimaki na tempelo mpe etiolaki na mokili mobimba. Moto azalaki kopima mapeko nkoto moko na kamba na maboko na ye na kokendeke na esika moi ebimaka, elakisi ete Nkolo akopima kondima na moko na moko mpe akosambisa bango kolandana na kondima, na esambiselo na ngwende na Ye ya pembe. Ye oyo na kamba na maboko na ye ezali anjelu na Nkolo. Elobi mpe ete, mai ekomaki na makesi, mabolongo, loketo, mpe likolo na loketo na lolenge azalaki kopima mapeko nkoto moko, yango elakisi etape na kondima na moko na moko.

Mai kokoma na makesi elakisi ete bazali na kondima na bana mike, yango ezali kondima ya kozwa kaka lobiko. Mai kokoma na mabolongo elakisi kondima na bana, mpe loketo, kondima na bilenge. Mai komata likolo mingi mpona ko nager elakisi kondima ya ba tata.

Kopima mapeko nkoto moko etalisi motema monene, precision na perfection, mpe mozindo na motema na Nzambe oyo elukaka na bisika nioso na moto. Tango Nzambe Apimaka kondima na moko na moko, atalaka kaka eteni moko te kasi biteni nioso. Atalaka kaka bizaleli na moko na moko te kasi ata mozindo na motema na bato nioso, mpo ete ezala malamu mpe yakokoka.

4. Etape kati na kondima na lolenge ya komeka mosala na moko na moko

1 Bakolinti 3:12-15 epesi mpe biso lisese likolo na etape kati na kondima.

"Soko moto nani nani akotonga likolo na mobuku yango litongi na wolo soko na palata soko na mabanga na motuya soko na matiti soko na nkekele, mosala na moto na moto ekomonana polele pamba te mokolo yango ekomonisa yango mpo ete mokomonana na moto mpe moto ekososolisa motindo na mosala mosalaki moto na moto. Soko mosala motongi moto ekoumela, ye akozwa lifuti. Soko mosala na moto na moto ekozika, ye akozanga kasi akobika ye moko, lokola na nzela na moto."

Awa moboko elakisi Yesu Christu. Mosala ezali lifuti ya makasi na moko na moko oyo basalaki. Mingi, bakozwa lifuti ekesana kolandana na makasi mpe motoki bobimisaki na kobombaka misala na bango na kondima. Mpona nani nani bakondimela Yesu Christu, misala na bango mikomonana polele na 'moi'. Bongo, tango nini ezali 'moi'?

Yambo, ezali tango bakopima biso mpona misala na biso kati na egelesia. Na suka na moko ya eteni minei na mbula, mbuma ya moko na moko ekopimama kolandana na lolenge nini asalaki mosala na ye na kondima. Ba oyo basalaki misala na bango malamu bakozwa mbano, kasi ba oyo bazali yango te bakoki kozwa mpamela to bakozwa mosala moko te na mbala ekoya.

Ya mibale, ezali tango tokokutana na mimekano makasi. Ba oyo bazali na kondima lokola wolo bakoyima yima te liboso na Nzambe kasi kutu bakosepela mpe bakopesa matondi ata na kati na momekano. Kasi tango mosusu tomonaka ete ba oyo bamonanaka lokola bazali na molende mpe na kondima balakisaka kondima ya solo te tango bakutani na mimekano.

Ya misato, mokolo ya kotalisa misala ezali mokolo na esambiselo liboso na Nzambe na mokolo ya suka. Mosala na moko na moko ekotalisama liboso na ngwende na esambiseli na Nzambe. Nzambe Atalaka malamu mpenza lolenge kani tozalaki sembo mpona bokonzi na likolo na mokili oyo mpe lolenge nini tobulisamaki, mpe akopesa biso bisika ya kobika na Lola mpe lifuti kolandana na etape kati na kondima na moko na moko.

Misala mitalisamaka na mimekano makasi

Tango Nzambe Atalisaka mosala na moko na moko, mosala ekotalisama ekozala ya kokesana kolandana na etape na kondima na moko na moko. Bamosusu bazali na kondima lokola wolo, basusu lokola palata to mabanga ya talo, to kondima ya basusu lokola koni, kekele, to matiti.

Wolo etalamaka lokola motuya wuta kala kala. Ezali na kosangana mpe na makasi oyo eleki mabende nioso, mpe ebatelaka kongala na yango ata na sima na tango molayi, nde esalelama mingi mpona makuta to cbongiseli na ba ndako mpe biloko misalemaka na maboko. Ngala na yango ebongwanaka te mpe bokoki kosala yango na pete na ba lolenge ebele, yango nde endimama lokola motuya na koleka mabende nioso. Palata ezali ya mibale mpona kosangana mpe makasi na yango na sima na wolo. Ezalaka mpe na conduction thermal malamu, bongo esalelama kaka mpona makuta na biloko miye misalemaka na maboko te kasi mpe pona misala industriel. Kasi ezali na kitoko mpe kongala moke mbe wolo.

Mabanga ya talo elandi. Ya solo, moto akoki kokanisa ete bazali na motuya koleka wolo na palata. Ya solo, mabanga ya talo lokola emeraude mazali na langi mpe kongala malamu, kasi makoki te kosalelama lokola wolo to palata, nde soki ezali na mbeba to mondelu kati na yango, mikozala lisusu na motuya mingi te.

Emoniseli 4:2-3 elobi ete, "Noki noki nazalaki kati na molimo. Namoni kiti na bokonzi kati na likolo, na Mofandi na kiti na bokonzi yango. Mofandi azalaki na motindo na komonana lokola na libanga na yasipi na salali,." Elilingi na Nzambe ekokisami na libanga na jasipi to salali. Mamanga mina milobelami mpona kotalisa kitoko na Nzambe tango na 1 Bakolinti 3:12-15 elobeli mabanga na talon a sima na wolo na palata, kolandana na mosala na moko na moko. Elandi koni, kekele, na matiti.

Nzambe atalaka moto nioso kotala nani atalisaka misala na wolo tpo misala ya palata, mabanga na talo, koni, kekele, to matiti.Ba oyo bazali na kondima lokola wolo epetolama bakoningana Ningana te ata tango na mimekano makasi. Bakolonga mimekano na matondi pe na esengo mpe bakozwa mapamboli minene koleka liboso. Kasi na lolenge etape ekokita na palata, mabanga na talo, koni, kekele, mpe matiti, makasi ya kolonga mimekano ekokita. Palata ezikaka te kasi ezali na motuya moke koleka wolo. Ata soki mabanga na talo ekozikaka na moto te, motuya na yango mikokitaka makasi soki bakobukana na moto.

Ba oyo bazalaka na kondima lokola mabanga na talo bamonanaka lokola bazalali kosala malamu, kasi kati na mimekano, molende na bango ekokita mpe bakobungisa kotondisama na Molimo. Kasi kaka lolenge mabanga na talo matikalaka ata na kati na moto, bazali naino na misala maye matikalaka na mimekano makasi. Bongo, ata soki bazali malamu lokola ba oyo bazali na kondima lokola wolo na palata te, bazali kaka na mafuti oyo bakozwa na Lola, kolandana na misala na bango na kondima.

Kasi kondima ya koni, kekele, to matiti mizali na nse na kondima na mabanga na talo, mpe misala na bango makozika na moto. Basusu kati na bango bazali ate na kondima ya kozwa lobiko te. Bayaka na ndako na Nzambe mpe bamonanaka lokola babikaka bomoi kati na kondima, kasi kati na bango bazali na kondima ya kozwa lobiko te. Kondima ya koni, kekele, to matiti ekoki te, mpe tosengeli te kosepela na kondima na mabanga na talon a palata. Tosengeli biso nioso kozala na kondima na wolo ya petwa mpe tozwa lokumu monene na mafuti tango Nzambe Akomeka mosala na moko na moko na mokolo na suka.

Biblia elobeli biso na bisika mingi likolo na bitape kati na kondima. Baefese 4:13 elobi ete, "Kino ekokoma biso nyoso na bomoko na kondima mpe na boyebi na Mwana na Nzambe, na mobali mobimba, na epimelo na monene na litondi na Kristu," Lolenge elobami, tosengeli kozala na kondima monene, lolenge na kondima na kotondisama na Kristu.

Mpona kosala yango, elobi ete tosengeli kokoma na bomoko ya kondima, mpe boyebi na Mwana na Nzambe. Elakisi ete tosengeli banzo koyoka mpe koyeba Biblia na bango na biso kasi tondima mpe tokolisa yango na mitema na bison a kosalelaka yango na misala na biso. Tango tozali na eloko moko ten a masumu, tokoki kokoma bana oyo Nzambe Alingaka kozwa. Tokoki bongo kokabola bolingo ya seko na Nkolo, kotambola na Ye na mokili oyo mpe na Lola.

4

Etape ya liboso kati na kondima

"Petelo alobi na bango ete, 'Bongola mitema, mpe batisama moko moko na Nkombo na Yesu Kristu mpo na kolimbisama na masumu na bino, mpe likabo na Molimo Mosantu. Mpo ete elaka yango ezali mpona bino, na bango nioso bazali mosika, baoyo nioso Nkolo Nzambe na biso Akobianga'"
(Misala 2:38-39).

Na mobembo molayi, tango tokomona signal tokoki kososola distance nini tosengeli kobenbuka kati na mobembo na biso, mpe ekopesa biso mua kokitisama na motema. Na lolenge moko, tokoki kozala na kondima ya monene tango tososoli bisika kondima na biso ya lelo ezali o nzela ya Liloba na Nzambe. Kaka na lolenge tosengeli kozwa etape moko na moko tango tokomata na escalier, kondima na biso mpe ekolaka moke moke.

Tosengeli kaka kotala na eliboli na kondima na kokokanisa yango na wolo, palata, mabanga na talo, koni, kekele, mpe matiti. Awa, kolongola kondima oyo ezangisaka lobiko, tokoki kokabola bitape ebele kati na kondima kati na bitape mitano kolandana nab a lolenge na bango moko. Yan se koleka ezali etape ya liboso kati na kondima.

1. Kondima mpona kozwa lobiko

Etape ya liboso kati na kondima ezali 'kondima mpona kozwa lobiko'. Ekoki mpe kobengama, 'kondima mpona kozwa Molimo Mosantu'. Bato nioso babotamaka na masumu na makila wuta kokweya ya Adamu. Lisusu, na bomoi na bango, bato basalaka masumu, mpe batosaka zabolo, mokonzi na masumu. Bato nioso basengelaki kokweya na lifelo mpo ete bazalaka basumuki oyo bazalaki na masumu ya ebandeli mpe oyo moto akosala ye moko.

Ata soki ezali na bato mingi oyo balobaka ete bazali malamu, na pole na solo bazali mpe solo basumuki. Kaka lokola utulu moke emonanaka na pole makasi mingi, ata mabe oyo ebombama ekotalisama na pole na Liloba na Nzambe. Lolenge elobama na Baloma 3:10 ete, "MOYENGEBENE AZALI TE, ATA MOKO TE," moto moko te azanga masumu kolandana na bosembo na Mobeko.

Mingi mingi na miso na Nzambe, ezali mpe klaka na masumu oyo ekosalemaka na libanda te lokola nkanda, koswana, koyiba, kasi ata koyina na motema mpe likunia ya kati na biso ezali mpe masumu. Na 1 Yoane 1:8 elobi ete, "Soki tolobi ete tozali na lisumu te, toza;li komipengola biso mpenza mpe solo ezali kati na biso te."

Nzambe na bolingo Atinda Muana na Ye na likinda Yesu mpona kobikisa biso baye bazalaka basumuki. Basumuki basengela kozwa etumbu na kufa (Baloma 6:23). Kasi, Yesu afuta talo mpona masumu na basumuki na kobakama na ekulusu. Kasi, wuta Yesu azalaki na lisumu te, Alongaki kufa mpe asekwaki o mokolo ya misato.

Baye bandimelaka likambo oyo bakoki kolimbisama masumu na bango mpe kobikisama o nzela na makila motuya.

Tango tokoyoka Sango Malamu mpe tokondimela Yesu Christu lokola Mobikisi na biso moko, Nzambe Akontinda Molimo Mosantu kati na mitema na biso. Lisusu lokola elobamaka na 1 Yoane 1:12, " Kasi epai na baoyo bayambi Ye, Apesi bango bokonzi ya kozala bana na Nzambe, ata na baoyo bandimi na nkombo na Ye." Nzambe Apesi na biso makoki ya kokoma Muana na Nzambe.

Soki tondimeli Yesu Christu, tozwi bolimbisi na masumu mpe lobiko, mpe tokomi bana na Nzambe (1 Yoane 2:12), elakisi ete tozwi etape ya liboso kati na kondima. Ezali lolenge moko na 'kondima ya bana mike' to 'Kondima na matiti'.

2. Kondima ya kozwa Molimo Mosantu

Na Misala 19:1-2, Ntoma Polo atunaki motuna na bayekoli moko na Efese, "Bongo bino boyamba Molimo Mosantu na tango bondimelaka? " Balobaki ete bayoka ata likolo na Molimo Mosantu te.

Bayekoli bandimelaki Nzambe mpe libatisi na Yoane Mobatisi, kasi bayebaka mpona Molimo Mosantu te. Ntoma Polo atatolaki likolo na Yesu Christu mpe atielaki bango maboko, mpe Molimo Mosantu Akitelaki bango. Nzambe Alaka ete Akotinda Molimo Mosantu na bato nioso o mikolo na suka (Yoele 2:28; Misala 2:17). Ekokisamaki, mpe baye bayambaki Molimo na Nzambe, mingi Molimo Mosantu, basanganaka mpona kosala egelesia.

Toki kokoma muana na Nzambe kaka tango toyambi Molimo Mosantu. Misala 2:38 elimboli lolenge kani tokoki kozwa Molimo Mosantu.

Elobi ete, "Bongola mitema, mpe batisama moko na moko na nkombo na Yesu Christu mpona kolimbisama na masumu na bino, mpe bokozwa likabo na Molimo Mosantu."

Soki toyoki Sango Malamu, tofungoli mitema na biso, totubeli ete tozali basumuki, mpe tozwi kolimbisama na masumu, nde, Nzambe Akotinda Molimo Mosantu kati na mitema na biso. Molimo Mosantu ezali likabo na Nzambe oyo Epesamaka lokola ndanga na ba oyo

Bandimi Yesu Christu mpe bakomi bana na Nzambe (2

Bakolinti 1:21-22).

Tango toyambi Molimo Mosantu, kombo na biso ekokokomamam na buku na bomoi lokola bana na Nzambe ba oyo babikisami, mpe tokozwa bomoto ya Lola. Kaka lokola tokomisaka muana na ndako ya leta, kombo na biso ekokomama lokola bato na Lola.

Molimo Mosantu ayaka na bana na Nzambe oyo bandimeli Yesu Christu. Asekwisaka milimo na bango oyo mikufa, mpe amemaka bango babika na mokano na Nzambe na kolandaka posa ya Molimo Mosantu.

Na etape ya liboso kati na kondima, bato bayambi kaka Molimo Mosantu mpona kobikisama, mpe basalela Nzambe eloko moko te. Bayoka to batosa Liloba na Nzambe te to babunda mpona kolongola masumu te. Basala eloko moko te mpona bokonzi na Nzambe mpona kotalisa nkembo na Ye, mpe bazwa mosala moko ten a ndako na Nzambe. Moyibi oyo abikisamaki na Luka chapitre 23 azali na etape oyo ya liboso kati na kondima.

3. Kondima ya moyibi oyo abakamaki elongo na Yesu

Na Luka 23:33, tomonaka ete tango Yesu abakamaki, ezalaki na miyibi mibale ba oyo bazalaki kobakama, moko na moko na mopanzi na ekulusu na Yesu. Moko na miyibi etiolaki mpe asekaki Yesu elongo na batu misusu ya mabe, kasi moyibi mosusu apamelaki ye mpe atatolaki kondima na ye na Yesu. Luka 23:42 etalisi ete, "Solo nalobi nay o ete, lelo okozala na Ngai na Paradiso." Moyibi oyo andimelaki Yesu Christu lokola Mobikisi na Ye mpe azwaki elaka ya bokonzi na likolo na tango ya suka na bomoi na ye.

Na koloba ete, 'okozala na ngai na Paradiso,' Yesu alobaki te ete abikaka na Paradiso, kasi Alobaki bongo mpo ete Azali Mokonzi na bokonzi na likolo, kosangisa mpe Paradiso.

Paradiso ezali bisika na kobika mpona baye bazwa oyo eyebana, lokola lobiko na soni, mingi mingi baye bazali na etape na liboso kati na kondima. Ezali lokola elobama, bisika na suka ya bokonzi na Likolo, mpe bazwaka lifuti moko te. Moyibi wana atatolaki kaka ete azalaki mosumuki mpe andimelaki Yesu Christu na motema na ye malamu, kaka nakozwa bolimbisi na masumu na ye. Asalaka eloko moko te mpona Nkolo, bongo akendaka na Paradiso.

Kasi soki moyibi oyo abikaki, akokaki kobika bomoi na kondima sima na ye kozwa lobiko, mpe lifuti ekokaki kozala na bokeseni. Soki ye, na kolandaka posa na Molimo Mosantu, alongolaka masumu mpe asalaka na bosembo mpona bokonzi na Nzambe, akokaki kokola kati na kondima mpe akota na etape ya mibale to ya misato kati na kondima mpe akenda na bisika malamu ya kobika na Lola.

Na momesano, bato bakoki kokanisa kaka baye bandimeli Yesu Christu mpe kala mingi te bayambi Molimo Mosantu bazali na etape ya liboso kati na kondima, kasi yango ezali kaka bongo te. Soki tozali kosala makasi te na komekaka kosalela Liloba na Nzambe, ata soki toyebi Liloba mpe tondimela mua kala, nde tokozala kaka na etape ya liboso kati na kondima, oyo ezali kondima ya kozwa kaka Lobiko.

Lisusu ba tango mosusu bato oyo bamonani na etape likolo kati na kondima bakoki kosala misala na mosuni (masumu moto akosalaka na nzoto) lokola koyiba, lokuta, to bo ndumba. Na makambo mina, bakoki kokweya na etape ya liboso kati na kondima, kolandana na monene ya masumu na bango.

Mingi, na sima na bango koyamba Molimo Mosantu, batondisami na Molimo mpe bakotosaka nioso ya Liloba oyo bango bayekolaki na ndako na Nzambe. Nde, na ngonga moko, bakoki komonana na kondima makasi. Kasi, na sima na tango, bakoki kozonga na mokili mpe kobungisa kotondisama na Molimo. Bongo, bakoki lisusu kozongela mokili mpe kosala masumu kolandana na lolenge ya kobika na bango na kala. Soki bakokoba na kosangana na mokili, Molimo Mosantu ekoki kozimama mpe ekozala pete te mpona bango ata kotikala na etape na liboso kati na kondima.

Bongo, soki bozali naino na etape ya liboso kati na kondima, bosengeli te kaka kotikala bisika bozali. Bosengeli koya na mayangani, mayangani na mabondeli, mpe mayangani misusu mpona koyekola Liloba na Nzambe mpe kosalela oyo boyekolaki mpo ete bokoka kokola noki noki na etape ya mibale kati na kondima mpe na oyo ya misato. Soki bobikaka na Liloba na Nzambe te kasi bokokoba na kosalaka masumu, kombo na bino oyo ekomama na buku na bomoi, ekoki kolimwa, elakisi ete bokobikisama te.

Paradiso mpona baye na etape ya liboso kati na kondima

Etape ya liboso kati na kondima

Paradiso ezali esika ya koyingela mpona baye na etape ya liboso kati na kondima. Ezali bisika ya nse koleka na bokonzi na Lola, kasi ezali mpenza na esengo, kitoko, mpe na kimia ete ekoki te kopimama na esika moko na mokili oyo. Na bisika oyo, pona nini te kokanisa esika ya kitoko koleka, oyo esepelisaka, mpe na esengo koleka oyo bokoki kobanza na makanisi na bino nioso mpe na nguya na mabanzo na bino nioso?

Likolo ya petwa mpe na langi ya bleu ezali kongala, mpe mapata mizali kotepa lokola elilingi. Ezali na libongo pembeni na mai na zelo kitoko oyo engalaka. Mai ezali penza petwa mpe bokoki komona nse na yango malamu. Ba mbisi ya lolenge na lolenge bazali kotiola kati na ba corail.

Ezali na ba nzete kitoko. Bafololo kitoko mizali kobimisa solo malamu, mpe bozali kolumba solo na ba fololo oyo ewutaka bisika nioso. Pelouse kitoko mizali komonana na suka te. Na tango malamu bisika molunge mpe malili ezali te bokoyoka koseka na esengo na bato awa mpe kuna. Soki bakomona bisika kitoko mpe na kimia na mokili oyo, ata baye bandimela te bakolobaka ete, 'Ezali lokola Lola!' to 'Oyo ezali Paradiso na mokili!'

Kasi ata bisika ya kitoko koleka na mokili oyo to bisika nini bokoki kobanza ekoki te kokokana na Paradiso na bokonzi na likolo. Nkasa moko to nzete moko ekeseni penza na oyo ya mokili oyo. Ata nsala moko ya ndeke ezali mpenza na langi ya kokesana, sembe sembe, mpe kongala. Nde, soki moto akeyi na Paradiso mpe akoti na bisika ya kitoko lokola ndoto, akokoka te komikanga kasi akosimbama na bolingo na Nzambe mpe akoloba ete, 'Lolenge nini moto lokola ngai akoki kozwa ngolu ya boye?

Mai petwa na bomoi oyo ebandaka na ngwende na Nzambe etiolaka na Yelusaleme ya Sika, bokonzi na 3.bokonzi ya 2, mpe bokonzi ya 1 na Lola, mpe ekokita kati na Paradiso. Na bisika bisika na ebale na mai na bomoi ezali na ba nzete na bomoi, mpe babimisaka mbuma zomi na mibale ya kokesana sanza nioso. Ba oyo bamona Paradiso na miso na bango ya molimo bamona solo bilanga mingi oyo misalema na bonzenga nioso, mpe na ba pelouse oyo misopana na suka te na bisika oyo ekambama malamu.

Ko nzemba na bandeke ebele eyokami lokola miziki, ba fololo ekobima mpe mikobimisa basolo malamu, mpe bokoki kolia ba mbuma na lolenge bolingi. Ezali na ba bokono te, kufa te, ata ba nyama mabe to makama.

Bongo bolingi kobika na Paradiso wana mpona seko? Ya solo Paradiso ezali bisika malamu. Kasi tosengeli te kosepela kaka na yango. Tosengeli solo kozwa bisika malamu koleka na Lola na makasi. Ata kitoko nini Paradiso ezali, ezali na bokeseni mingi na esengo na oyo ezali na bokonzi ya liboso.

Ndakisa, bokoki kokanisa na ba ndako malamu lokola ba chateau ba oyo etongami na wolo epotolama penza mpe mabanga na talo ya kokesana. Bongo bokoki komikanisa bino moko na kolata mitole na nkembo na ba kandjo lokola bana na bakonzi ya basi mpe ya mibali. Bokoki mpe kokanisa banjelu kosalela bino lokola mikonzi na bango. Kasi biloko mina mimonanaka na Paradiso te.

Ba oyo babikaka na Paradiso bazali na lifuti moko te na Lola, mafuti, mitole, to ba ndako ya bato moko na moko. Ezali mpo ete mafuti na Lola epesamaka kaka na kondima mpe ba oyo bakosala eloko ya bosembo mpona bokonzi na Nzambe. Na etape ya 1 kati na kondima, moto abikisamaka kaka, nde abombisaki lifuti na ye na Lola te.

Ya solo, ata soki bazali na bandako na bango moko te, bakotikalaka tango nioso na pelouse te. Ata na mokili oyo tozalaka na bandako na ba mboka mpona bato nioso, mpe bato mingi basalelaka yango elongo. Bongo, ezalaka na bisika oyo bato bakosalela elongo, nde bakokoka kosangana na bisika wana mpe kopema malamu. Bakotungisa baninga te to bakopesa bango pasi te ata soki bazali kosalela yango elongo. Mpo ete ezali na mabe te na Lola, bakomipesa mpe bakosalela basusu, bongo bazali kaka na esengo.

Kasi ata esengo nini ezali na Paradiso, moko te kati na bino asengeli koloba ete, "Nasepeli na kokende na Paradiso." Soki bozali solo na kondima, bokolikya mpona bokonzi kitoko koleka na Lola. Mpona kozwa bisika malamu koleka na Lola, bokobatela Liloba na Nzambe, bokolongola mabe na mitema na bino, mpe bokombongwana na moto bulee. Soki etumba malamu oyo ya kozwa bisika malamu na Lola ebandi, ezali ebandeli ya etape ya 2 kati na kondima.

Basusu balobaka ete, "Nakosepela mokili sik'oyo mpe nakokenda ndako na Nzambe na ki mobange." Bayoka sango malamu mpe bayebi yango lokola boyebi, kasi bazali naino kolinga mokili mpe balingi te kobika bomoi kati na Christu, ezali na garanti ete kondima ekopesamela bango mpona lobiko?

Molimo Mosantu Azali likabo na Nzambe epesami na ngolu na Ye. Tokoki te kozwa yango mpo ete tolingi yango. Ata soki tokotatola ete tondimi, tokoka te kokota na bokonzi na Lola soki kondima epesameli biso te mpe toyambi Molimo Mosantu te. Soki nani nani kati na bino ayambi Molimo Mosantu te, bosengeli te kosuka kuna kasi bobika boKristu na molende koleka mpo ete bokota na bisika malamu koleka na Lola mpe bosepela mpenza mapamboli oyo epesamelaka bana na Nzambe.

5

Etape ya mibale kati na kondima

❧

Nazali kokuta motindo oyo kati na ngai ete wana elingi ngai kosala malamu, bobele mabe pene pene na ngai. Kati na motema na ngai moto nasepeli na mibeko na Nzambe; Kasi namoni mobeko mosusu kati na bilembo na nzoto na ngai. Mobeko yango monene ezali kobundana etumba na mibeko milingi ngai na makanisi na ngai, ezali mpe kokanga ngai moumbu na mobeko na masumu mozali kati na bilembo na ngai. Ngai moto na mawa mingi! Nani akolongola ngai na nzoto oyo ya kufa?" (Baloma 7:21-25).

Soki tozwi Molimo Mosantu tokozwa assurance ya lobiko. Tokoki kondima ete Yesu Abakamaki o ekulusu, Asekwa, mpe Akoma mobikisi na biso. Tango toyambi Nkolo mpe tozwi Molimo Mosantu, ba malali mike mikozika mpe mikobika mbala moko na moto na Molimo Mosantu. Bato misusu bakozwa likabo na Molimo Mosantu lokola koloba na minoko na sika. Tokoyoka pepele na mitema na biso na ngolu ya kolimbisama mpe tokotondisama na esengo na sai. Masanjoli na biso ekokata te mpe tozali koyoka esengo ya kokende egelesia.

Na lolenge esengo mpe sai oyo ekokoba, bakotikala na etape ya 1 kati na kondima te, kasi bakokoba na kokola na etape ya mibale mpe na oyo ya misato. Kasi, soki kondima na bango ekokola te, kasi ekotikala na bisika moko, Molimo Mosantu Akomilela kati na bango, nde bakobungisa kotondisama mpe bakoyoka malamu te. Sik'awa tika biso tozinda na oyo etape ya mibale kati na kondima ezali.

1. Kondima ya komeka kosalela Liloba

Etape ya mibale kati na kondima ezali 'kondima ya komeka kosalela Liloba'. Bandimi bakomona yango esengo ya koyekola Liloba na Nzambe. Kati na mayangani mpe masanga bayekolaka likolo na kobatela Saba bulee mpe kopesa moko na zomi yakokoka. Mpe lisusu, bayekolaka Liloba na Nzambe oyo eyebisaka biso ete, 'linga, bondela, bosungana, bozala na kimia,' mpe lisusu 'boyina te; bosala ekobo te, boluka lifuti na basusu,' mpe bongo na bongo.

Bongo, kolandana na Liloba bayaka na kokanisa ete basengeli kokolisa motema na Nkolo kati na bango. Na ngonga oyo, Molimo Mosantu oyo Abikaka na motema na moko na moko ekokanisela bango mpona Liloba na Nzambe mpona kosunga bango na kosala kati na solo.

Baloma 8:26 elobi ete, "Bongo mpe Molimo Akosungaka biso kati na bolembu na biso; Mpo ete toyebi te kobondela na motindo mokoki.. Nde kati na mikima na biso miyokani te Molimo Ye moko Akobondelaka mpo na biso."

Tango bana na Nzambe bakobika na Liloba na Nzambe te kasi bakosalaka oyo esengeli te, Molimo Mosantu ekomilela bongo bakoyoka Mitema na bango pasi. Tango bazali kotosa Liloba mpe bakosala kati na solo, Molimo Mosantu Akosepela. Bongo bakozala na kimya na esengo na mitema na bango mpe bakotondisama na Molimo Mosantu.

Na etape ya liboso kati na kondima bazali koya na ndako na Nzambe mpe bakondimela Nkolo, kasi bazali naino kobika kolandana na bizaleli na bango ya kala. Basusu kati na bango bakoki kotika masanga na makaya te. Basusu bakozwa kanda mpe bakoloba maloba mabe, mpe basusu bazali kutu koloba lokuta mpona komilongisa.. Bazali mpenza na bokeseni te na bato na mokili.

Mpo ete bayebi Liloba na Nzambe te mpe nini solo ezali mpe nini solo te ezali, bayebi ata te ete bazali kosumuka. Bazali lokola bana bebe babotami sika ba oyo bayokaka soni te tango bazali bolumbu. Na etape oyo, bazali ata na makoki ya koyoka kolela na Molimo Mosantu.

Kasi bakoya na kozala na posa ya kosala kolandana na Liloba na Nzambe oyo bayekolaki. Tango bakobanda solo kosalela Liloba na Nzambe bakokota na etape ya mibale kati na kondima. Na etape ya mibale kati na kondima, soki moto azali naino kosala masumu na koyeba Liloba na Nzambe, akoki koyoka kolela na Molimo Mosantu.Bakokanisaka ete, "Kolandana na solo nasengelaki te kosala boye. Liloba elobi boye te..." Bakoyoka nkaka kati na mitema na bango mpe bakobungisa esengo. Bakososola kati na mitema na bango ete Nzambe Asepeli te.

2. Bisika ya pasi koleka na bomoi ya MoKristu

Etape ya mibale kati na kondima ezali kondima na bana. Ezali lokola kondima ya koni.. Ba oyo na etape oyo kati na kondima bakoki komonana lokola kokamba boKristu ezali pasi. Bayoka Liloba na Nzambe mpe basosola yango lokola mayebi. Kasi, bakoki te kosalela solo nioso na makambo nioso. Bamekaka kosala kolandana na solo mpe na ba tango bakolonga na etumba na molimo na kosalelaka solo. Kasi, na ba tango misusu bazali na makoki ya kosalela solo te.

Bayebi ete basengeli kopesa moko na zomi ya kokoka kasi tango misusu bakoki te. Bakomekaka koyina basusu te kasi bakososola ete bazali naino na koyina kati na bango. Bazali na makanisi ya ekobo nde kolula kati na bango ekoningana tango bomoni moto ya sex ekesana. Tango mosusu tango bakokutana na mimekano, bakokoka te kopesa matondi kasi bakobimisa maloba ya koyima yima.

Bakomeka makasi mpenza mpona kosalela Liloba, kasi bakoki mpenza te kosalela yango malamu. Tala tina yango ezali etape ya pasi koleka na kokamba bomoi ya boKristu. Kasi tosengeli te kolemba to kotika. Tosengeli kokoba na komekaka, kati na kondima. Ata soki Liloba ekoki te kosalelama na mobimba na bisika oyo, Nzambe andimaka ete tozali na kondima mpona kozwa lobiko na kotalaka makasi na biso ya kobika na Liloba na Ye.

Lisusu, lokola bandimi na bisika oyo tosenga makasi na Nzambe mpe tomeka kosala na Liloba, bakoyoka solo ete bazali kombongwana. Ba oyo bamesana kosilika na mbala zomi na sanza bakosilika kaka mbala mitano, misato, mpe suka suka bakosala lisusu masumu te.na lolenge bazali kombongwana boye, bakopusana na etape ya misato kati na kondima.

Ntoma Paulo alobaki tina nini ezalaka pasi emonanaka pasi kobika bomoi na kondima kati na Baloma chapitre 7.

Baloma 7:21-23 elobi ete, "Nazali kokuta motindo oyo kati na ngai ete wana elingi ngai kosala malamu, bobele mabe ezali penepene na ngai. Kati na motema na ngai moto, nasepeli na mibeko na Nzambe; Kasi namoni mobeko mosusu kati na bilembo na nzoto na ngai. Mobeko yango monene ezali kobundabunda etumba na mibeko milingi ngai na makanisi na ngai, ezali mpe kokanga ngai moumbu na mobeko na masumu mozali kati na bilembo na ngai."

Bandimi oyo bayokaka pasi na sima na koyekola Liloba na

Nzambe mpo ete kati na bango bazali na mposa na kosala malamu mpe mabe oyo mikobunda etumba. Tosengeli kozala na bwanya tango tozali kopesa bilei na molimo mpona bato na lolenge oyo. Mpo kaka bazali komela masanga na makaya nde tokoki kosenga bango batika.

Toloba ete ezali na mondimi ya sika oyo ayaka kaka na mayangani ya tongo na eyenga, mpe na sima na zanga afongoli bombongo na ye. Na boye, ekozala malamu kopesa ye toli na kuku ete akozala na koteka ebele tango akangi bombongo na eyenga na oyo akoki kozwa tango ateki na sima na zanga na eyenga.

Kasi yango elakisi te ete tokoki kaka kotika bango bafanda bisika bazali kati na kondima na bango. Soki muana azali soko moke kokola te, elakisi ete bazali na likama monene mpe bakoki ata kokufa. Na lolenge moko, soki bandimi ya sika bakomeka kosalela Liloba na Nzambe te, kondima na bango ekobeba, mpe bakoki ata kokweya na mosika na nzela na lobiko, nde tosengeli tango nioso kotalela bango mpe kosunga bango.

Na etape ya mibale kati na kondima, bamekaka kosalela Liloba, kasi ezali te mpo ete basosoli mokano na Nzambe oyo etiama kati na Liloba na mitema na bango. Bamekaka kotosa yango na lolenge ya mosala mpo ete bayekoli ete basengeli kobatela yango.

Ndakisa, na mobeko etali kobatela mokolo na Nkolo bulee, ezali na nini mpe tina ya kopesa biso mobeko yango. Mokolo na Nkolo ezali mokolo oyo Nzambe apambola, mpe kobatela yango ezali elembo ete tozali ya Nzambe. Soki tososoli mpe tosali yango, moyini zabolo mpe Satana bakokoka te komemela biso momekano to pasi te. Soki tososoli kati na mitema na biso tina oyo ya kopesa biso mobeko ya kobatela bulee mokolo na Nkolo, ezali pasi te mpona kobatela Liloba, kasi kutu ekozala likambo ya esengo mpona kokumisa Nzambe, kosanjola Ye, mpe kozala na lisanga nab a ndeko kati na kondima.

Kasi tango tososoli Liloba kati na mitema na biso te, likambo ekoki kozala moke na bokeseni. Bisika esengelaki tokende egelesia na eyenga, bakolinga kofanda na ndako mpo na kopema. Bakoki kolinga kobima na baninga na bango to basala makambo mosusu.

Bazali na kobunda bunda mpo ete bazali na baposa mibale ya kobuka mokolo na Nkolo mpe oyo ya kobatela yango bulee. Yango ezali, posa ya Molimo Mosantu oyo elingaka kobatela Liloba mpe posa ya mosuni oyo elingaka kolanda bisengo ya mokili bango mibale bakobunda etumba kati na motema na moko.

Etumba ekomaka makasi koleka tango ba mposa mibale

akokani to ekomi bisika moko.. Soki ngambo mosusu ezali makasi koleka mosusu, esengeli te ezala na kobunda bunda. Soki motema na solo ezali makasi koleka, moto akosalela solo na pete, nde soki soki motema na solo te ezali makasi, akolanda solo te.

Na kati kati ya etape ya mibale kati na kondima, nguya na solo mpe nguya na solo te bizale pembeni na kokokana, nde mpona tina oyo etumba etumba ezalaka makasi koleka. Kasi esengeli te kotikala lolenge wana mpona tango molayi. Na lolenge tokolanda posa na Molimo Mosantu na mabondeli, posa ya kolanda solo te ekobungisa makasi moke moke.

Bongo ekozala pete mpona kosalela solo, mpe tokoyoka esengo mpona kokamba bomoi kati na kondima. Na komekaka lolenge oyo, tokoka kokoma na kondima ya kosalela Liloba na Nzambe. Yango ezali etape ya misato kati na kondima, kondima ya kosalela Liloba na Nzambe. Ezali kondima ya kolia bilei ya makasi, kasi miliki to bilei ya pete te.

3. Napesaki bino miliki ya komela, bilei ya makasi te

Tokoki komona ete ntoma Polo akolisaka bandimi ya egelesia

ya Bakolinti kaka lolenge moto akokolisa bana..

1 Bakolinti 3:2-3 elobi ete,

"Namelisaki bino mabele, napesaki bino bilei na makasi te, mpo ete bokokaki na yango te. Sasaipi mpe bokoki naino te, pamba te bozali bato na mosuni. Mpo naino zua mpe nkanka izali kati na bino, bozali bato na mosuni te?"

Soki ezali na zua mpe nkaka, etalisi ete bazali na etape ya liboso to ya mibale kati na kondima mpe basalelaka Liloba na Nzambe te. Na likambo oyo, tosengeli kotambwisa bango na nkuku mpe na bolamu lokola tozali komema muana bebe. Tala tina elobami ete bapesa bango miliki. Kasi soki kondima na bango ekokola mpona kososola Liloba na Nzambe, elakisi ete bakoki kolia bilei ya makasi.

Nini ekosalema soki toliesi mosuni to loso na muna bebe moke oyo akoki kaka na komela miliki? Mpona bebe bomoi na ye ekozala na likama. Tango tokopesa mateya na milimo na bandimi, tosengeli kososola bitape na bango kati na kondima mpe kokamba bango na bwanya. Kasi elingi koloba te ete tosengeli kaka kotika mondimi ya sika oyo abatelaka Eyenga bulee te na pamba. Tosengeli kosososlisa bango nini mokano na Nzambe ezali.

Tokoki koyebisa bango mokano na Nzambe elongo na matatoli na solo, mpo ete kondima elonama kati na bango, mpe bakoka kosala na kondima na bango moko.

Ba oyo bazali komela miliki basengeli komeka kokoma bandimi oyo bazali kolia bilei ya makasi. Soki ba oyo na etape ya liboso to ya mibale kati na kondima bakoyika mpiko, Nzambe Akobatela bango na mimekabno mpe pasi. Kasi basengeli te kotikala bisika moko mpona tango molayi. Basengeli noki noki kokolisa kondima na bango o nzela ya Liloba na Nzambe mpe mabondeli. Bongo, Nzambe Akondimela bango bakende nzela na mimekano mpona kokamba bango na etape ya misato kati na kondima, mpe soki balongi, Nzambe Akopesa bango etape etombwama koleka kati na kondima.

Soko baye oyo basengeli kozala na etape ya misato kati na kondima bakosala lokola baye na etape ya liboso to ya mibale kati na kondima, moyini zabolo na Satana akofunda bango, mpe etumbu ekoki kozala. Soki nakoyeba tokosalela Liloba na Nzambe te, tokoki kokende nzela na kufa. Nde, na motema etungisami, Nzambe asengeli kondima etumbu eya na bomoi na biso kowuta na kofundama na Satana (Baebele 12:6-7).

Soki tozali kokutana na etumbu moko te ata soki tosalaki

masumu, elingi koloba ete tosi tolongwe na bolingo na Nzambe na lolenge moko. Soki Nzambe Azali kondima moto lokola muana na Ye te, molimo na ye ekosuka na lifelo. Bongo, soki tokokutana na etumbu mpona masumu na biso, tosengeli kotubela na masumu yango, kososola ete Nzambe Alingaka biso kaka.

4. Bokonzi ya liboso epesameli baye na etape ya mibale kati na kondima

Ba oyo bazali na etape ya 2 kati na kondima bakobika na bokonzi ya liboso na Lola.Bokeseni na Paradiso, na bokonzi ya liboso na Lola ekopesamela bango ndako na motole na lifuti. Bandimi oyo basilisi momekano na bango na kondima, balongi etumba, mpc bakci na bokonzi na Lola bakozwa motole na seko. Motole mpona bokonzi ya liboso na Lola ezali motole oyo ebebaka te'.

1 Bakolinti 9:25 elobi ete,"Moto na moto oyo akomekana na masano akomiboya na makambo nioso. Bango bakosalaka bongo pona kozwa motole mokobeba nde biso mpona yango mokobeba te." Ata soki naino balongoli misala na lokuta nioso te, kasi lolenge bazali komeka kosalela Liloba na Nzambe etalisi ete bakotisami na momekano na kondima na kotalaka na makambo na seko, maye

mikokufaka te. Bongo, bakopesa bango 'motole oyo ekobebaka te'.

Ezali na ba ndako na bokonzi na liboso na Lola, kasi bizali lopango na moto ye moko te to lokola chateau. Bimonani lokola ba appartement to ba condos ya mokili oyo. Kati nab aye oyo bamona bokonzi na likolo, ezali na basusu oyo balobaka ete bamona na ndako lokola ba appartement/to condos. Na likambo oyo, bamonaki bokonzi na likolo na Lola.

Ba ndako na bokonzi na likolo mitongami na biloko na Lola lokola wolo petwa mpe mabanga na talo. Ezali na escalier te kati na bitape kasi kaka ba ascenceurs kitoko. Ata soki bafini button te mpona etape bisika bazali kokenda, ascenceur ekotelema mbala moko na etage bisika bolingi kokenda. Soki bosi bokeyi na ndako, makambo nioso ekoki mpo ete bozala na nkaka te.

Soki bokolingaka misiki, ezali na makambo na misika ya kobeta. Soki bolingaka ba buku, ekopesamela bino. Ezali mpe na bisika ya kopema kolandana na posa na bino. Ndako moko na moko isalema mpe ebongisama kolandana na mposa na nkolo na yango, nde bokoki kozala na esengo na sai ezanga suka ata na bokonzi na liboso na Lola.

Kasi na bokonzi ya liboso na Lola, ezali na makambo ya moto

ye moko te libanda na ndako. Ezali na ba jardin kitoko mingi, ba terrain ya golf, ba piscine, mpe bisika misusu mpona masano, kasi makambo nioso wana ezali mpona bato nioso kosalela. Ezali na muange moko te oyo akosalela bino kaka, kasi bango batiama na bisika esengeli mpona kotala bisika yango, mpe tango bana na Nzambe bakosalela yango, bangelu wana ba kosunga bango.

Bato misusu bamitunaka ete bomoi na Lola ekoki kolembisa. Kasi ezali na masano ya lolenge na lolenge miye mizali kosepelisa mpenza mpe koningisa ete mikoki te kopimama na oyo na mokili oyo. Tokozala nab a feti motuya mpe tokosepela na masano mpe makambo misusu ya kosepelisa nzoto. Tokozala mpe koyekola mokili na molimo oyo ezanga suka. Lisusu, mpo ete ezali na makambo na mosuni ten a Lola,ezali mpe na mbongwana na makanisi te. Nde, makambo lokola ko baye ezalaka soko moke te. Ngonga nioso ekozala na kotondisama na esengo mpe sai. Kasi tosengeli te kosepela na bokonzi na liboso na Lola. Tata na biso Nzambe Azali kozela biso mpona kozwa bisika mileki motuya, Yelusalema ya Sika, mpe kokota kuna. Bongo, tosengeli kokola mpona kozala na etape na kondima etombwama.

6

Etape ya misato kati na kondima

∽

Moto na moto oyo akoyokaka maloba na ngai mpe akotosaka yango akokokana na moto na mayele oyo atongi ndako na ye likolo na mabanga"
(Matai 7:24-25).

∽

Liboso na ngai kokoma mosali na Nzambe, nazalaka kokende na ba ngomba mingi na mabondeli mpona kokila mpe kobondela. Mokolo moko, nayokaki basali na nzambe moko kolobana. Mama na likambo ezalaki soko bana na Nzambe bakoki kobatela mibeko zomi. Bango basukaki na koloba ete moto akoki te kobatela yango nioso zomi. Bazalaki koloba ete basengeli komeka kobatela yango, kasi mpo ete naino balongolaki mabe kati na mitema na bango te, bakokaki kobatela mibeko nioso te.

Ndakisa, na kotala mobeko oyo elobi ete, 'Kosala ekobo te,' bazalaki koloba ete bakokaki kobatela yango na misala libanda, kasi bakokaki kolongola mposa na yango na libanda te, kasi bakokaki te kolongola mposa na yango. Na koyokaka lisolo na bango, nayokaki mpenza mawa mpona bango. Nayebaka ete ezalaki mokano na Nzambe mpona kosala ekobo te ata kati na motema (Matai 5:28). Nde, nabondelaki mpe nakilaki mingi mpona kolongola makanisi ya ekobo, mpe suka suka nalongaki..

1 Batesaloniki 4:3 elobi ete, Mokano na Nzambe ezali boye ete bobulisama ete botika makambo na pite. Ezali mokano na Nzambe Tata mpona biso kolongola masumu nioso mpe tokoma yakokoka mpe malamu. Nzambe Apesi biso motindo ya kosalela mpo ete tokoki kosala yango na Nguya na Ye na kondima ata soki tokoki te kosala yango na makoki na biso moko. Na kokesana na ekeke na Boyokani na kala, tozali na Molimo Mosantu na biso lelo, mpe tozali na makoki ya koleka mpona kobatela mibeko nioso.

1. Kondima ya kosala kolandana na Liloba

Biblia ezalaka na mibeko na lolenge minei mpona oyo etali makambo tosengeli kosala, kosala te, kobatela, mpe kolongola.

Kati na etape ya mibale kati na kondima, bamekaka kobatela Liloba, mpe tango mosusu bakosalela yango tango mosusu te. Kasi na lolenge bazali komeka kosalela Liloba, kondima na bango ekokola, mpe etape na bango kati na kondima ekokola. Na lolenge oyo, tango bakokoma na bisika wapi bakoki kosalela Liloba, yango ezali etape ya misato kati na kondima. Nde, etape ya misato ezali etape na kondima ya kosalela Liloba.

Na etape ya mibale, bokoki tango mosusu kosala misala na mosuni, kasi na etape ya misato, bozali lisusu kosala misala na musini te. Kobanda na etape ya misato kati na kondima misala na bino miyeisami sika, mpe bokomi pole mpe mungwa ya mokili. Ata soki bato bakoloba lokuta to kotonga bino na tin ate, bokondima yango na kimya, mpe bokomeka kosepela mpe kopesa matondi ata kati na pasi. Bokomeka koluka lifuti na basusu mpe kosalela bango. Bongo, tango bai mokili bakolukaka baye na etape ya misato, bakoyoka ete bandimi yango bandimami mpona kobengama Bakristu ya solo.

Na etape ya misato kati na kondima, bozali kobatela Liloba na koyokaka nkaka te, kasi bozali kosalela yango na momesano mpo ete bososoli Mokano na Nzambe. Kak koyeba Liloba na motema mpe kososola yango na motema ekesana mpenza. Tika tozwa ndakisa ya kobatela mokolo na Nkolo mpe kopesa moko na zomi,

Na kobatela mokolo na Nkolo, totalisi ete molimo na biso ezali ya Nzambe mpo ete kobatela mokolo na Nkolo endimisi nguya na molimo na Nzambe. Tango bana na Nzambe babateli mokolo na Nkolo bulee, Nzambe Akobatela bango na makama, bokono, mpe makama na poso mobimba mpe Akomema milema na bango na kofuluka.

Lisusu kopesa moko na zomi ekoka ezali kondimisa mpifo na Nzambe likolo na biloko na biso mpe ezali kondimisa ete biloko na biso nioso miwuti na Nzambe. Ata mbala boni tokotoka mpe komeka, soki Nzambe Apesi biso te, tokokoka kobuka mbuma moko te.

Nde, biloko na biso nioso mizali ya Nzambe, kasi topesaka Ye kaka moko na zomi na yango, mpe epesameli na biso kosalela oyo etikali ndenge tolingi. Tango tokopesa moko na zomi yakokoka, Nzambe akobatela biso mpona kobungisa bozwi na biso moko te, mpe Alaki biso ete Akopambola biso kino tango ndako na kobomba na biso ekotonda (Malaki 3:10).

Kasi ezali na bandimi ba oyo bayoka Liloba oyo na Nzambe, kasi bakoki kobatela yango te.

Boye, ata soki babateli, bakoyoka lokola basali yango na makasi. Ezali mpo ete basosoli yango na mitema na bango te kasi bayebi yango kaka na ba bongo na bango. Kasi baye na etape ya misato kati na kondima babatelaka bulee mokolo na Nkolo mpe bapesaka moko na zomi mpo ete basosoli yango kati na mitema na bango ete ezali lipamboli ya kosala bango. Bongo, etape ya misato kati na kondima ekesana mingi na etape ya mibale, mpo ete baye na etape ya misato basalelaka Liloba na kososolaka mokano na Nzambe kati na mitema na bango.

2. Kobunda etumba malamu na kolongolaka makambo na mosuni

Ata soki na etape ya mibale basosoli mpenza mokano na Nzambe te , bayoka yango mpe bayebi yango, nde bakomeka kosalela Liloba. Soki bakobondela mpe komeka kosalela, Nzambe Akopesa bango ngolu na likolo na ngonga moko boye nde bakokoka kososola na mozindo na mitema na bango. Yango ekokoma makasi kati na bango, nde sik'awa bakokoka kosalela Liloba na koleka.

Bana babotami sika bakoka kotambola mbala moko te. Bakomeka liboso koningisa makolo mpe maboko na bango, na lolenge bakomatisa makasi na bango, bakobanda kobalola ba nzoto na bango. Bongo, bakobanda konguluma, mpe suka suka bakotelema na mokolo na bango. Na likambo oyo, bakozwa makasi na makolo na bango, mpe na suka, bakokoka kotambola ata kokima mbangu. Ezali lolenge moko na kondima. Bokoki te kozwa ngolu mpe makasi mpona kosalela kaka na koyoka mateya. Bosengeli kobondela bino moko mpe komeka kosalela Liloba. Nzambe Atalaka mitema na bino mpe Akopesa bino ngolu ya kososola Liloba na Ye. Na lolenge bokozwa makasi ya kosalela Liloba, bokoyoka lisusu te ete ezali kilo mpona kosalela yango.

Kaka lolenge bokambaka bomoi na bino ya mikolo nioso, ekokoma eloko na momesano kati na bino mpona kobika BoKristu malamu. Mpo ete solo te oyo emonanaka esili kolongwa, bozali lisusu kosala misala na mosuni te. Sik'awa, bolongoli misala na mosuni mpe masumu na mbotama kati na mitema na bino. Kino tango Liloba esosolisami kati na mitema na bino mpe mosisa monene na mabe epikolami mobimba, bokokoba na kobunda etumba malamu na kondima.

1 Batesaloniki 5:16-18 elobi ete, "Bosepelaka tango nioso. Bobondelaka na kotika te. Botondaka kati na makambo nioso, mpo ete oyo ezali mokano na Nzambe mpona bino kati na KristuYesu." Kolandana na makomi oyo, tika sik'awa tozinda na etape ya misato kati na kondima.

Soki bososoli makomi oyo kati na mitema na bino te, tango bokutani na mikakatano, bokomeka kosepela mpe kotonda, kasi ezali kaka na libanda. Na motema na bino bokokanisaka ete, "Nazali konyokwama boye nde lolenge nini nakoka kopesa matondi?" Bokomeka kopesa matondi, kasi bokokoka lisusu kokanga motema te nde sukasuka bokoyimayima.

Kasi soki bokomeka kotosa Liloba na Nzambe, na nzela na mabondeli na bino bokobanda kososola mokano na Nzambe na ngonga moko. Ezali na bososoli moko ete, "Bomoi na nse na moi oyo ezali kaka ngonga moko ata soki ezali na mikakatano. Nazali na elikya ya kokota na bokonzi na seko na Likolo, nde boni matondi yango ezali!" Na lolenge oyo, bokoki kososola makambo mpona oyo bokoki kopesa matondi.

Lisusu, bokozwa kondima ya monene koleka mpona kondimaka ete mimekano na mikakatano mikolongwa soki bokopesi na Nzambe mbeka na matondi kolandana na Liloba na Ye. Kosepela mpe kopesa matondi kolandana na Liloba na Nzambe ezali likambo na pole ezwami kati na Nzambe. Mimekano na mikakatano ememami cpai na biso na moyini zabolo mpe Satana. Tango pole ekotaka na ndako ya molili, molili esengeli kolongwa. Na lolenge moko, tango bokopesa mpenza matondi mpe bokosepela kati na mitema na bino, momekano mpe mikakatano ekolongwa na pole ya molimo, mpe bokozwa lipamboli na solo.

Soki bososoli likambo oyo kati na mitema na bino, bokoka kosepela mpe kopesa matondi na kondima ata kati na pasi. Bongo, bokomona ete mimekano mpe pasi mikokende mpe na solo, na ngolu mpe na nguya na Nzambe. Sima na kokutana na makambo oyo, bokozwa kondima ya koleka, mpe tango bokokutana lisusu na momekano, bokokoka kosepepela mpe kopesa matondi mpe kolonga yango na pete koleka.

Ata soki bokoki kosala kolandana na Liloba na libanda, yango elakisi te ete bozali na etape ya misato kati na kondima. Ata soki boyaka na mayangani na eyenga poso nioso, soki boyaka na ndako na Nzambe kaka mpona bandeko na bino bakotindikaka bino, soki bokonimbaka, to soki bokweyaka kati na makanisi ya pamba pamba na kokanisaka ete, "Nalingi kozonga na ndako mpe natala TV to nabeta ndembo," wana, tokoloba te ete bozali na etape ya misato kati na kondima.

Lisusu, kondima esengeli te kombongwana, kasi tango mosusu, mpo ete lipamboli ezali koya noki noki te na oyo bopesaki Nzambe, bokoyoka mabe na kopesaka Nzambe, to bokoki kozongela lolenge na kala ya kobika Tokoka te koloba ete bato wana bakomaki na bisika na bososoli na mitema na bango mpona kosala kati na kondima. Bongo, tokoka te kopima kondima na moko kaka na likambo moko to mibale etalisami na libanda. Tokoki kososola yango na lolenge kani moto songolo asosoli mokano na Nzambe kati na motema na ye mpe akosala kolandana na yango.

1 Yoane 2:14 elobi ete, "...Bilenge mibali, nasili kokomela bino mpo ete bozali makasi mpe liloba na Nzambe eumeli kati na bino mpe bosili koleka ye mabe." Kondima na bilenge mibali na eteni oyo ezali etape ya misato kati na kondima.

Mpo ete Liloba na Nzambe efanda kati na bango, bakoki na tango nioso kosalela Liloba, mpe na mopanga ya maloba na bango, bakoki kolonga ye mabe, nde moyini zabolo na Satana.

Nde, tango bakutani na kokoso, bakoki komitungisa na tango moko, kasi kala te bakobongola makanisi na bango mpona komitika na maboko na Nzambe oyo Asalaka mpona bolamu na makambo nioso. Soki tokomitika kati na Liloba na Nzambe mpe soki Liloba na Nzambe efandi kati na biso, tokoki kolonga likambo nioso na nguya na Nzambe.

3. Ebandeli ya etape ya misato kati na kondima mpe libanga na kondima

Ata soki bazali na etape moko kati na kondima, moto na moto azali na etape ekesana kati na kondima. Soki tokaboli etape moko na moko na pourcentage, bitape na bango mikoki kozala pourcentage 10, 20%, to 50% kati na etape moko kati na kondima. Tango bakomi na pourcentage 100, bakokota nde na etape elandi. Ndakisa, na etape ya mibale kati na kondima, na lolenge bozali kopusana na poucentage 100, pembeni okopusana na etape ya misato kati na kondima. Soki bokomi na percentage 100 na etape na misato kati na kondima elakisi ete bozali sik'awa na etape ya minei kati na kondima.

Na etape ya misato kati na kondima, ata soki bazali kosalela Liloba, bazala na kobundabunda kati na ba bongo na bango. Basosoli mpe balingi kotosa mokano na Nzambe, kasi bazali naino na makanisi na masumu kati na mitema na bango, nde baposa wana mibale mizali kobunda etumba kati na bango. Makanisi ya molimo oyo elingi kolanda bolamu na makanisi na mosuni oyo elingi kolanda mabe miko ndongwana.

Na lolenge na limbolaki likolo, tango bozali konyokwama mpona pasi, na etape ya mibale kati na kondima, bokomeka kosepela mpe kopesa matondi, kasi na makoki te ya kolonga likambo, na tango mosusu bokokota na koyima yima. Kasi, na etape ya misato kati na kondima bokoki kosepela mpe kopesa matondi ata na mikakatano. Kasi ata na etape wana ya misato kati na kondima, bokoki te kopesa matondi na 100% mpe kozala na esengo ekoka.

Kozala na ebandeli na etape ya misato, tango bozali kokutana na kokoso, bozali na makanisi ya mosuni lokola, "Eleki pasi." Bongo, bokoki kolemba mpe kotondisama na bino na Molimo ekoki mpe kolimwa. Kasi na kala te bokoyoka mongongo na Molimo Mosantu mpe bokobanda kokamba motema na bino na solo ya kokanisaka ete, "Zela! Nzambe Azali na bomoi, mpe tina nini nasengeli kolemba?" Lisusu, soki bokonganga na mabondeli mpona kosepela lisusu na koleka mpe kopesa matondi mpe kozwa ngolu na Nzambe na makasi, bokotondisama na matondi mingi na esengo.

Bongo, na lolenge bokokoma na percentage ya 60 na etape ya misato kati na kondima, elakisi ete bolongoli masumu kati na motema na bisika moko na motuya. Bongo, bozali na kokoso te ya kosalela Liloba na Nzambe. Bosengeli te kolongola mabe wuta bolongola masumu ya makila kati na motema na bino nde mabe ekoka te kobuta. Ata soki na mbalakata kokoso eyei, bokozala na makanisi ya kozala na esengo mpe ya kopesa matondi bisika na makanisi na koyima yima mpe ya komilembisa. Ata soki mpona ngonga moko bokoki komona yango lokola pasi, bokobengana noki noki makanisi wana mpe na kala te bokokomisa motema na bino ya matondi mpe ya esengo.

Matai 7:24-25 elobi ete, "Moto na moto oyo akoyokaka maloba na ngai mpe akotosaka yango akokokana na moto na mayele oyo atongo ndako na ye na likolo na mabanga. Mbula enoki mpe mpela eyei mpe mipepe mipepi mpe ibeti ndako yango nde ekwei te, pamba te etongami likolo na libanga." Eteni ya suka ya 1 Bakolinti 10:4 elobi ete , "...nde libanga yango ezalaki Christu." Soki bozali na kondima mpona kosala mpenza kolandana na Liloba mpe boningisami na mimekano mpe pasi te, tokoki koloba ete bozali kotelema ngwi na libanga na Yesu Christu.

Soki bomati likolo na percentage 60 na etape na misato, tokoki koloba ete bozali na libanga na kondima. Bisika oyo, bokomona yango lisusu pasi te to nkaka mpona kosalela Liloba. Bokomona kutu esengo na sai kobika mokolo nioso na bomoi na bino.

Soki bokomi na percentage 70 to 80, bokofanda mpenza na libanga na kondima, mpe na bisika oyo, bokosalela Liloba lokola momesano. Na lolenge bokopusana na etape ya minei kati na kondima mpe bokokoba na kolongola makambo na mosuni na etape ya misato kati na kondima, bokoka kosolola malamu koleka na Nzambe mpe bokoka koyoka bolingo na Nzambe na mozindo.

Awa, ata soki basusu bakopesa bino kokoso, bongo bino bokoyina bango te, soki bokoki kolinga bango te. Toloba ete bozali na bosenga makasi na misolo mpe bokomona libenga na misolo na nzela. Ata bongo, bozali na kobunda bunda te ya soko bosengeli koluka nkolo na yango to te. Lisusu, soki bozali na makanisi moko ya mosuni te kasi bokolanda bolamu na mbala moko, mpe soko bokosepela mpe bokopesa mpenza matondi na makambo nioso, elakisi ete bokomi sik'oyo na etape ya minei kati na kondima.

Tika napesa bino ndakisa mosusu.Tika naloba ete moko na baninga na bino na mosala azali kotalisa bizaleli ya mabe epai na bino to azali komeka kopesa bino misala oyo esengelaki na ye kosala. Na likambo ya lolenge oyo, soki bozali na etape ya mibale kati na kondima, bokomiyokela mabe to bokozala na kanda kati na bino. Bokomeka komikanga na kanda na bino, mpe bokosalela ye, kasi kati na mitema na bino bokoyimayima. Nde tango bokokoka lisusu komikanga te, bokoki kotalisa ye kanda na bino polele. Kasi na etape ya misato, bokobuka kimya na lolenge wana te. Bokomeka kokanisa na lolenge malamu nakokanisaka ete, "Asengeli kozala na tina," mpe bokosalela ye lolenge alingi.

Kasi na ebandeli ya etape ya misato, mpo ete solo naino ekoli kati na mitema na bino te, bokoki koyoka mabe mpona ngonga moko. Kasi ata soki makanisi wana mabe eyei kati na bino, bokobongola mitema na bino mpona kokanisa na lolenge malamu mpe bokomeka kozala na motema malamu.

Kasi soki bofandi na libanga na kondima, bokoki kozala na makanisi na nkaka mpona ngonga moko, kasi bokoki kobongola yango mbala moko na makanisi na mosuni, mpe bokoki kosalela moto mosusu na makanisi na kimya. Soki bokoki kosalela mosusu ata na ngonga moko na makanisi na nkaka te, elakisi ete bozali moto na molimo, nakozala na etape na minei kati na kondima.

Bakambi na egelesia basengeli kozala na etape na misato kati na kondima

Tango bokambi bomoi na boKristo tango molayi mpe bozwi experience, bokoki kozwa mosala na egelesia lokola mpaka, diaconese mokolo, to mokambi na cellule to mokambi na lisanga moke. Mpe mpona kotala milema, bosengeli kozala ata na etape na misato. Soki bino, nakozala na etape na mibale kati na kondima, bokoki te kokomisa kondima na bino moko kofanda ngwi, bokoki te solo kokamba milema misusu. Soki boyoka mateya misusu mpe soki bozali naino na etape ya mibale, elakisi ete bobungisi tina na maloba nioso, mpe yango ezali soni liboso na Nzambe.

Soki bokomeka kaka makasi, tango ya kolekisa na etape ya mibale na oyo ya misato ekozala molayi te. Ya solo, soki bokokoba na komeka tango molayi, bokotikala na etape ya mibale to bokoki ata kozonga sima na etape ya liboso. Na likambo na mabe koleka, bokoki ata kozwa lobiko te. Tala tina Emoniseli 3:15-16 elobeli biso ete soki kondima na biso ezali moto to pio te, Nkolo Akosanza biso. Bongo, soki bozali na pete na egelesia, bosengeli solo komeka oyo esengeli mpe kombongwana mpona kozala ata na etape ya misato kati na kondima.

Soki bozali na etape ya misato kati na kondima, bosengeli kosunga baye bazali na etape ya liboso to etape ya mibale kati na kondima mpo ete bakoka mpe kokende na etape ya misato kati na kondima. Soki bozali solo na kondima mpona kosalela Liloba, bokoka te kobosana kosenga na Yesu na ekulusu nakolobaka ete, "Nayoki posa na komela." Bokokanisa te ete ezali ya kokoka kaka kobatela kondima na bino moko, kasi bokolinga kokabola sango malamu mpe kosunga milimo misusu mpona kofuta nyongo na makila ma Yesu. Bosengeli kokamba milimo na motema na Yesu Christu.

Ba misusu baye bazala baChristu mpona tango molayi balobaka ete bakoki te kosala mosala moko na egelesia mpo ete bazali naino na kobunda na masumu na bango mpe bakoti o nzela na kokomisama malamu. Na lolenge Nzambe Alobeli biso ete tosengeli kobondela mpona bokonzi mpe bosembo na Ye tango tozali kobondela, tosengeli komeka makasi mpona kokokisa bokonzi na Nzambe ata na tango tozali kobunda na masumu. Tango tokosala mosala na biso ya kosunga baye na kondima ezangi makasi mpe tokobondela mpona bango, tokoka kososola motema na Nkolo na mozindo, mpe tokokoka kokoma na kobulisama noki koleka.

4. Kokende na molimo na kotelema bisika moko te

Koleka etape ya liboso ya mibale mpe kokende na etape ya misato kati na kondima ekoki kosalema noki noki. Ezali mpo ete tokoki kotosa "Sala" na "Kosala te" na Liloba na Nzambe kaka soki tozwi ekatelo. Kasi kokende na etape ya minei wuta na etape na misato, ekozwa tango molayi. Mpona kososola mokano na Nzambe mpe kolongola masumu na nse na motema, tozali na bosenga na mabondeli ebele mpe tango. Kasi yango mpe ekoki kosalema noki kolandana na lolenge nini tozali komeka na makasi mpe tozali kosenga ngolu na Nzambe mpe makasi.

Bandimi misusu bazali kotikala na etape ya misato kati na kondima mpona tango molayi. Ezali mpo ete bazali na kotelema bisika moko na kokola na bango na kondima mpo ete batikaki komeka kolongola masumu. Ndakisa, Mpo ete Nzambe Alobi ete, "Boyina te kasi bolinga bayini na bino," bakomeka kososola mpe kondima ata baye bakopesa bango kokoso, kasi bazali naino na mosisa na lisumu na koyina kati na mitema na bango.

Bakomeka kosepela tango nioso mpe kopesa matondi mpe kobondela na kolemba te, kasi mosisa na koyimayima mpe koyoka motema pasi yango naino epikolami kati na mitema na bango te. Awa, koyeba ete bazali na mosisa na masumu kati na mitema na bango, kasi bazali kolongola yango na nguya makasi te mpo ete tango mosusu bazali na bolembu to bizaleli na mpiko te.

Kasi likambo ya mawa koleka ezalaka tango bayebaka te likolo na masumu ya mbotama oyo etikala na mitema na bango. Mpo ete basosoli te lisumu ya lolenge nini mpe mabe nini bazali na yango, bakotikala kaka bisika moko.

Soki bokoti na etape ya misato, bosengeli kokola nokinoki mpe bokota na etape ya minei. Soko te, mpe soki kondima na bino etiki kokola, ezali na likama. Bokoki kobungisa kotondisama na Molimo Mosantu, mpe bokoyoka eloko moko lokola nkaka to komilela moko na motema. Bokoki komona ete bozali kosala malamu, kasi bondimami solo na bato te. Bozali na mpifo mpe nguya na maloba na bino te, nde bokoki kolemba.

Soki bokei kati na etape ya minei kati na kondima na kobika bomoi malamu kati na kondima, motema na bino ekozala tango nioso na kotondisama mpe inspiration na Molimo Mosantu, mpe bokoka koyoka mongongo mpe kozwa ko tambwisama na Molimo Mosantu malamu. Lisusu, bokozala na elembo ete Nzambe Azali na bino na makambo nioso na bomoi na bino. Sik'awa, lolenge kani tokoki kokende wuta na etape na misato kino na etape ya minei kati na kondima na kotelema esika moko te?

Botika te etumba na masumu

1 Timote 4:5 elobi ete, "...pamba te ebulisami bongo na nzela na Liloba na Nzambe mpe na libondeli." Ezali na Nzela na pete te mpona kobulisama. Bosengeli koyoka Liloba, bososola solo te kati na bino, mpe bobondela mpona kozwa makasi na Nzambe mpo ete bokoka kolongola nini bomona kati na bino.Yango ezali kaka koyoka mateya te, kozwa mapamboli, mpe kokoba na kobondela mpe na momesano na lolenge esengeli. Soki bozali na etape ya misato, bino nioso bokosepela na koyoka Liloba na Nzambe mpe botika ten a kobondela na momesano. Bokomeka kolongola mabe na lolenge nioso oyo bomoni kati na bino.

Kasi mpona bato mosusu, makasi na bango ya kolongola mabe ekokita na koleka na tango. Bakomeka komipemisa kati na etumba na masumu mpe bakosenga cessez le feu. Basengeli kokoba na etumba kino tango misisa mabe nioso mipikolami mpenza, kasi bazali kosala bongo te.

Solo na bitumba, soki bobandi kolonga, bosengeli kokende liboso na makasi mpe kobebisa mpenza mapinga na moyini. Soki botiki, bozali kopesa ngonga mpona bayini na bino bazongela makasi mpe etumba. Kati na etumba na molimo, mpona bino boleka na etape ya misato nokinoki, bosengeli kosala ngele mpona bolembu na molimo na kokanisaka ete bokobaki na lolenge moko. Bosengeli te kotika bitumba na masumu kino tango bokopikola misisa nioso na masumu na mbotama, na Liloba mpe mabondeli.

Tika na pesa bino ndakisa. Toloba ete bosambisaki moto kaka na kotalaka misala ma ye. Sik'awa bososoli ete bosambisaki mpe botubeli na yango, nakosengaka bolimbisi epai na Nzambe. Sik'awa ata soki botubeli, bokoki lisusu kosambisa na likambo ya lolenge moko mpo ete bopikoli lisumu ya mbotama kati na bino te. Soki bokosambisa bokotubela lisusu.

Soki naino bolongoli lisumu ya mbotama te, kondima na bino ekozala na kokola te. Mpona kondima na bino kokoba na kokola, bosengeli kobunda na masumu kino bisika ya kotangisa makila kino tango masumu nioso elongolami. Mpona kosala yango, bosengeli te kobosana likolo na masumu ya mbotama maye bososoli kati na bino, kasi bosengeli kolela likolo na yango mpe kosenga ngolu na Nzambe.

Bosengeli kososola boni mbindo masumu na mabe kati na bino mizali mpe bopasola mitema na bino. Bosengeli konganga kati na mabondeli mpo ete bokoka kozwa makasi ya kolongola ata misisa minene ya masumu na bino. Bosengeli kosepelisa Nzambe na kokila na bino, mabondeli ya komikaba, to makabo elongo na maksi na bino ya koleka mpona kolongola masumu.

Na lolenge bozali kozwa ngolu mpe makasi na Nzambe mpe lisungi na Molimo Mosantu na nzela na makasi oyo, masumu ya mbotama makolongwa solo kati na mitema na bino. Bokoka te kolongola miango kaka na kotubelaka tango nioso. Bosengeli solo kozala na mposa ya kolongola masumu mpo ete bozali koyina masumu mina. Lisusu, bosengeli kozala na makasi kati na bosolo mpo ete bokoka solo komilongola na misisa na masumu na mbotama.

Bosengeli kobuka makanisi ya mosuni

Makanisi ya mosuni ekeseni na makanisi ya molimo. Ezali tango solo te kati na bino ekobima o nzela na mosala na molema. Baloma 8:6-7 elobi ete, "Kotia motema na makambo na nzoto ekoyeisa bobele kufa, nde kotia motema na makambo na molimo ekoyeisa kimia, mpo ete motema motiami epai na nzoto ezali moyini na Nzambe; eyebi kotosa mibeko na Nzambe te; ekoki mpe kosalaka boye te."

Soki bozali kaka na solo kati na mitema na bino, bokozala kaka na makanisi na solo nay a molimo kaka. Bokosala makambo na mosuni te, mpe bokozala na makanisi na mosuni te. Kasi soki bozali na lokuta kati na bino, na nzela na misala na molema na bino, bokozala na makanisi na solo te. Ndakisa, ata soko bozali na masini malamu mpona calcul kati na ordinateur na bino, bokozwa kaka biyano mabe soki botiaki programe ya malamu te. Lolenge moko, ba oyo bazali na makanisi na mosuni bakoka te kotosa Liloba na Nzambe.

Na koloba ete, Nzambe Alobi ete mosaleli azali moto monene, mpe ezali lipamboli koleka mpona kopesa mbe kozwa, Kasi soki bozali na lolendo mpe moyimi kati na mitema, tango bokoyoka maloba oyo, bo solo te oyo ebiangami lolendo mpe moyimi mikomema bino na makanisi na mosuni. Ezali mpona makanisi ya lolenge mana lokola, "Soki nakokoba na kopesaka na kozwaka eloko te, nakobungisa" na bongo bokokoka te kosalela to kopesa. Bokoki te kososola mokano na Nzambe to bokokoka te kotosa Liloba na Ye, nde Nzambe Alobi ete makanisi na mosuni mikotelemela Nzambe.

Soki boyoka mingi ya Liloba na Nzambe mpe boyebi na bino emata mingi mpenza, kasi soki Liloba kati na motema na bino ekolisami te na lolenge boyebi Yango, bokozala kosangisa Liloba na solo na mabe na bino moko mpe bokokoma na makanisi ya sika na mosuni. Bosengeli kosalela Liloba boyokaki mpona kososola masumu na mabe na bino. Kasi na Yango bozali kutu kosambisa mpe kokatela basusu mabe, to bokosalela solo na nzela mabe mpona komilongisa na bizaleli na bino mabe. Motalisi na makambo namosuni mana ezali bosembo na miso na moto ye moko mpe solo oyo tokosalela na mabe.

Bosembo na miso na moto ye moko na solo oyo tokosalela mabe

"Bosembo na moto" ezali kotelema mpe kozala motu mangongi mpona oyo tokokanisa kozala sembo.. Kati na bosembo yango, yambo, ezali na bosembo ya mokili. Baton a mokili bakanisaka ete likambo ezali sembo, kasi na solo ezali kotelemela Liloba na Nzambe. Ndakisa, bato bakanisaka ete ezali mosala na bana mpona ko venger baboti na bango. Yango ezali mpenza kotelemela Liloba na Nzambe oyo elobeli biso ete tolinga bayini na biso. Elandi, ezali na bosembo oyo etalisami kati na solo. Kati nab aye oyo bazali kokamba bomoi na boKristu, bosembo na lolenge oyo ekokomela bango libaku mpona bokoti na molimo.

Moto na bosembo makasi na moto ye moko akopesa kokoso epai na bato misusu na kosengaka bango kolanda nzela na ye moko na bosembo. Ndakisa, tango akomona bato misusu baye bazali solo sembo na misala na bango te, akopesa bango mbala moko toli ete, "Bino bozali basali na Nzambe, mpe bokoki kozala goigoi te." To, tango bato mingi bazali wana, akokikoloba ete, "Namonaki moto moko oyo amesana na ngai ye wana azali mpenza goigoi.Tosengeli te kozala lolenge wana." Awa , asangisi oyo azali kolobela mpo ete basusu bakoka mbala moko kososola nani azali.

Ya solo, tosengeli kokola na mosala na Nzambe mpe kozala baton a sembo, mpe soki moto akoki kotubela mpe kombongwana na nzela na oyo elobami, ezali malamu. Kasi, soki moto wana akoki te koyamba liloba oyo na bolamu, ekozala kaka na effet mabe likolo epai na ye. "Moto oyo azali kopesa ngai pasi.." Akokanisa na lolenge oyo mpe akonyokwama mingi koleka mpe akolemba na motema.

Soki tozwi bwanya ewutaka na likolo na motema oyo elikyaka kobulisama, tokoka kozwa nzela malamu mpona kosimba motema na moto mosusu, tango tosengeli kopesa moto toli. Kasi moto na bosembo makasi na ye moko akokanisa ete solo ayebi ezali malamu. Bongo, ata soki misala ma ye mazalaki malamu te na miso na Nzambe mpona moto oyo ayokaki mabe, akokoba na kokanisa ete azali sembo mpe moto oyo mosusu azali mabe. Mingi, akokanisa kaka oyo ye alobi ezali malamu, nde, akososola te ete lolenge na ye ya kopesa toli ezalaki mabe.

Bongo, ata tango azali koyoka Liloba na Nzabe oyo elobeli biso ete, "Luka Kimya. Salela basusu.. Kosambisa te," Akokanisa kaka likolo na oyo asalaki malamu na kokanisaka ete, "Nalingaka Nzambe mpe nazali na molende.. Nalingaka bato misusu, mpe napesaki toli esengeli,." Lolenge oyo ya kokanisa ete bozali malamu ezali bosembo na moto ye moko, mpe pona yango, bokoki te komona mabe kati na bino, mpe bokoki te noki noki kokoba na kobulisama.

Elandi, solo oyo moto akosalela mabe ezali tango bozali na likanisi ete likambo moko ezali solo, mpe likanisi lina ekokembisama. Bato bakosalaka bosolo na makanisi kolandana na oyo bakomona, bakoyoka, mpe bakoyekola. Kolandana na boyebi na bango to oyo bakutana na yango, bakokanisa ete likambo moko ezali kati na bolamu to ezaleli na lolenge moko ezali malamu. Na koleka na tango bakokembisa makanisi mana mpe tango makomi makasi makokoka kombongwana na pete te. Ekozala bongo tableau na makanisi.

Moto nioso azalaka na lolenge na ye na makanisi. Ezali mpo ete bato bakeseni na bomoto, makambo balingaka, circonstances, boyebi, na bolakisi.Nde, soki tokotala makambo mina na tala tala na Liloba na Nzambe, mingi kati na bango mazali malamu te. Mpe, bato mingi bakososola kati na oyo ezali solo na oyo na mabe nab a lolenge oyo na makanisi.

Ata na maye matali makanisi maye mafandi kati na moto ye moko, ezali na oyo ya mokili na oyo kati na solo. Makanisi na mokili ezali oyo efandi na mayebi mpe education na mokili. Ndakisa, bato oyo bandimaka mpenza na Darwinisme ya evolusion, bakoka te kondima ete Nzambe Akela mokili. Mpona boyebi mingi na bango oyo ekanisaka ete malakisi na baton a mayele ekoki kondimama malamu, bakokoka te kondimela Liloba na Nzambe.

Elandi, bosembo oyo moto akomisalela kati na solo ezali tango afandisi yango kati na Liloba na Nzambe, solo. Ekoki mpe kokoma libaku soki ekosalelama na makanisi ya komilongisa. Na tango na Yesu, bakambi ya boNzambe baboyaki Yesu mpona solo oyo moto akosalelaka na mabe. Batongaki Yesu mpo ete Abikisaki moto na bokono na mokolo na Sabata. Mpona solo na bango moko mpona Sabata, bakatelaki mpe batongaki Yesu, oyo azali Ye moko solo. Yango ezali mabe, mpe solo oyo moto akosalela mabe..

Tika na pesa bino ndakisa mosusu. Tango bokomeka oyo ekoki na bomoi na bino na baKristu na sima na kobanda koya na egelesia, baboti na bino to mobali bakoki komona ete bolingi kaka Nzambe mpe bokomi kokende mosika na bandeko ya libota. Na tango wana, tango bozali kokoma sembo mpona bokonzi na Nzambe, bosengeli kokanisa na motema na bandeko na bino ya libota, mpe lokola. Bosengeli kosalela bango mpe kolinga bango mpona kosimba mitema na bango.

Kasi soki bomisaleli makanisi na bino moko, bokoki kosalela Liloba na Nzambe na lolenge ya mabe. Bokoki komisalela moboko na makanisi na sembo ten a kokanisaka ete, "Tosengeli kolongola bolingo ya mosuni mpe kokolisa bolingo ya molimo," to "Tokoki kozwa biyano noki noki tango tokosepelisa Nzambe." Na kosalaka bongo bokoki koloba na kanda epai na bandeko na bino na libota ete, "Ezali motuya mingi ya kolinga Nzambe mpenza, nde bozela bolingo ya mosuni epai na ngai te."

O mokolo ya mbotama na baboti na bino, bokopesa bango cadeau oyo ekosimba mitema na bango te. Bokopesa bango kaka Biblia to makambo misusu ya baKristu.. Bondimi ete bozali kolakisa bolingo ya molimo epai na baboti na bino. Kasi na solo, bozali kosala bango pasi mpe koboma kimya na bososoli te. Nde, bozali kokanisa ete bosaleli baboti na bino na molimo Bokoki te kolongwa na miboko na makanisi bomitongela na kokanisaka ete, "boye nde nzela ya kosala makambo na solo."

Ata soki bozali na solo koleka bato misusu bosengeli mpe kokanisa mpona kondima na bango mpe lolenge na bango. Soki bokoki kozala lokola ntoma Polo oyo ateyaki ba Yuda na kozalaka lokola moYuda ye moko, mpe epai na bapaya na kozalaka lokola mopaya ye moko, bosengeli kozwa bwanya malamu.

Kasi ba oyo na moboko makasi na makanisi na bango moko

bakobetisa sete na oyo bamoni solo, nde, bakokweisa kimya. Na kosalaka bongo, bazali na makanisi na bango moko to makanisi ya nse, kasi bakomikanisela ete, "Nabebisi kimya te. Nazali kaka kolanda solo.." Mpo ete bafandi na makanisi na lolenge oyo na mosuni, bakoki te kososola mabe kati na bango. Nde, bokoli na kondima na bango ekotika.

Bosembo na moto ye moko mpe miboko na makanisi oyo moto amitongela mimonanaka lokola mikokana, kasi mizale mpenza na bokeseni. Bato misusu bazalaka na miboko na makanisi makasi kasi bafandela kaka na miboko mina mpe bapesaka pasi epai na bato misusu te. Miboko na makanisi makasi na bango ebukanaka na pete te, kasi babetisaka sete na bosembo na bango moko te.

Na makambo misusu, ezali na bato oyo bazali miboko na makanisi makasi mpe bakomekaka kosala na kolandanaka na yango, mpe na ngonga moko bakomeka kotindika na makasi mpona kosala lolenge moko. Soki basali bongo te, bakokangela bango mitema mpe bakopesa bango pasi. Oyo ezali tango bosembo na moto ye moko mpe miboko na makanisi makasi misalemi na solo na bango moko. Bokoki kokende na etape na minei kati na kondima kaka tango bolongoli makanisi nioso na mosuni oyo ewutaka na bosembo na bino moko mpe miboko na makanisi na bino.

Oyo bosengeli kokeba na yango ezali bosembo na bino moko oyo ezipisami na solo na moboko na makanisi makasi oyo bomisalelaki na kosalelaka solo na lolenge ya mabe. Bosembo na bino moko na moboko na solo efandisama kati na bino moko maye masalema bosolo te mpenza ekoki na pete

Kososolama na nzela na Liloba na Nzambe, nde bokokoka kolongola myango noki noki. Kasi oyo ebombami mpe ezipami na solo ezalaka pasi mpona kososola yango. Soki bozali na moboko na makanisi oyo, bokokanisa ete bozali kosala kati na bosolo, nzoka te. Nde, bokozala na kotika na kokola kati na kondima na bino, mpe bokokoka te kokende na molimo mpona tango molayi.

Kososola bosembo na moto ye moko na miboko na makanisi

Bato mosusu balobaka na pasi na motema ete, "Nalingi mpenza komisosola' mpe kopikola mabe, kasi nakoki te mpenza kososola nini ezali bosembo na ngai moko mpe miboko na makanisi na ngai mabe mizali." Bazangisaka mayangani moko te, mpe balikyaka na koyoka mateya mpe batikaka kobondela te, kasi bakoki kososola nini ezali mabe kati na bango te.

Bato ya lolenge oyo basengeli kotala motema nini ya kotutama bazalaka na yango tango bakoyoka mateya; mpe soki bakondimaka mateya lokola ya bango moko. Basengeli mpe kotala lolenge nini bazali kobondela makasi.. Tango bozali kobondela na kobandelaka bandelaka maloba mikokoka te kondimama na Nzambe. Ata soki maloba mina mikoyokama malamu mpenza na kitoko na banjelu, elakisi te ete mizali solo na malasi kitoko kati na motema. Kaka tango mabondeli na bino mipesami na Nzambe lokola malasi makasi na kobundaka mpe kongangaka kati na mabondeli na makasi mpe motema mobimba, nde bokozwa kotondisama mpe kotambwisama na Molimo Mosantu mpe bokombongwana.

Eloko mosusu bosengeli kokanisa ezali na ezaleli ya lolenge nini bozali koyoka toli na bato mosusu. Yango ezali mpo ete bato oyo na bosembo na bango moko mpe miboko makasi na makanisi bakangaka matoyi na bango moko mpona toli na bato misusu. Mitema na bango mitombolamaka na kokanisaka ete bazali malamu, nde ata soki bazali koyoka toli na bato misusu, bakokanisa ete, "Nazalaki na tina malamu ya kosala bongo, kasi moto wana azali kososola likambo na ngai te."

To tango basusu bakopesa bango toli, bakokanisa ete, "Aleka ngai kutu te," bosana yango. To soki mokonzi to mokilo akopesa bango toli, bakokanisa ete, "Azali mpe 100% yakokoka te, nde akoki te kozala tango nioso na raison. Nasengeli kutu koyoka ye te." Kasi na motema ya lolenge oyo, bokoki te koyoka maloba na bato misusu to, ata soki Nzambe Apesi bino mongongo na Molimo Mosantu, bokokoka koyoka yango te.

Tango bokokoma na libanga kati na kondima mpe bokopusana na pembeni na etape ya minei kati na kondima, elakisi ete bosi bolongoli masumu na mabe miye mikomonanaka na pete. Na etape oyo, bososoli mpe bolongoli bosembo na bino moko na moboko na makanisi makasi, bosengeli komitala na motema na komikitisa makasi. Bosengeli koluka kososola bosuki na bino. Bosengeli ata koyamba maloba na bana mike na komikitisa. Soki bobuki bosembo na bino moko na miboko na makanisi na bino makasi mpe bolongoli masumu na mbotama kati na mitema na bino, suka suka bokokoma na etape ya minei kati na kondima. Nde na bisika oyo, bokoki kososolama lokola baton a molimo.

5. Bokonzi ya mibale epesami na bato na etape ya misato kati na kondima.

Bisika ya kobika na Lola mpona bato na etape ya misato kati na kondima ezali bokonzi ya mibale na Lola. Na bokonzi ya liboso na Lola ezali nab a ndako ya bato bango moko, kasi mizali na lolenge nab a apartement. Kasi na bokonzi ya mibale na Lola, ndako na lopango ya moto ye moko epesameli moko na moko. Ezali ba ndako ya etage moko, kasi, mizale minene mpe na kitoko koleka ndako monene mpe kitoko ya koleka na mokili oyo, mpe mibongisami nab a fololo mpe ba nzete ya malasi kitoko.

Mpona ndako moko na moko, eloko moko oyo moto alingaka mingi epesameli ye. Mokolo nadako akoki kozala na liziba kitoko to picine ya kitoko mingi ebongisami na wolo ya petwa na mabanga na talo. To akoki kozala na bisika ya kotambola etondisami na bafololo kitoko nab a nzete bisika wapi ba nyama kitoko bakotambolaka bisika na bisika.

Kasi mpo ete bato bakoki kozala kaka na eloko moko oyo ya bango moko, bakoki kosalela eloko mosusu epai na bato soki baling. Kasi ata soki bakei kotala ndako na moto mosusu mpe basaleli biloko na bango, bakomona yango nkaka te. Na boye, bakoki komisalela mpe kokabola bolingo na bango na basusu, nde bakozala na esengo bakopesa basusu nzela ya kosalela eloko na bango moko, mpe baye bakosalela yango bakoki kosalela yango ndenge baling mpe na malamu.

Lisusu, ba ndako ya bokonzi ya mibale na Lola ezali na plaque na ekuke. Na plaque yango ekomami kaka nkombo ya mokolo ndako kasi lisusu kombo na egelesia oyo moto wana azalaki koyangana na mokili oyo. Nde, soki mokolo ndako ayanganaki na ndako na Nzambe oyo elingamaki mingi na Nzambe, nkembo na lokumu na ye ekozala mingi koleka.

Motole epesameli bato na bokonzi na mibale na lola ezali motole na nkembo. 1 Petelo 5:2-4 elobi ete, "...nabondeli bino ete bobatela etonga na Nzambe kati na bino. Bobatela bango mpona kopusama te, kasi na mitema malamu lokola elingi Nzambe, na mposa na kozua lifuti te kasi mpona kopesa mpamba. Lokola mpona kozala mikonzi likolo na ndambo na bino te, kasi lokola bilakiseli na etonga. Wana ekomonana mokonzi mobateli, bokozwa motole na nkembo mokobeba te."

Ba oyo na etape ya misato kati na kondima bakokisa kobulisama ya mobimba te, kasi babatelaka Liloba na Nzambe, basalaka misala na bango, mpe bapesaka nkembo na Nzambe.

Motole na nkembo epesameli bato na lolenge oyo. Milema oyo miye epesameli bango kokota na bokonzi na mibale na Lola bakopesa mpenza matondi ete bazali koingela na bisika ya kitoko boye mpe ete epesameli bango bisika malamu boye mpe bapesi bango lifuti monene koleka oyo nioso bango basalaki. Kasi, bazali koyoka soni mpona eloko moko. Ata soki babikaki kolandana na Liloba na Nzambe mpe basalaki misala na bango, bakolikya ete balongolaki masumu na mitema na bango mpe babulisamaki mpenza.

Nkembo na bokonzi na mibale ekoki soko moko te kokokisama na oyo ya bokonzi ya misato to Yelusalema ya Sika, oyo ezali bisika na ba oyo bakokisa kobulisama. Ya solo, na Lola ezali na zua mpe likunia te, nde bakoyokisama mabe te to bakoyoka moto pasi te mpo ete bakoki te kosepela na nkembo eleki na Lola. Ata soki bato misusu bakosepela nkembo eleki oyo ya bango, bakosepela lokola bango moko bazali kosepela nkembo wana. Bakopesa matondi mpe bakozala na esengo kaka mpona bisika oyo epesameli bango. Kasi bakoyoka mawa mpona masumu oyo bakokaki kolongola te ata soki Nzambe Apesaki bango bolingo monene boye mpe mabaku malamu mingi na mokili oyo.

Bongo, soki bozali na kondima ya solo. Bosengeli te kotika na etape ya bokonzi ya mibale na Lola. Bosengeli kokoba tango nioso na kokotaka Yelusalema ya sika na kokweya te. Nzambe Alingi bato nioso kobikisama, ba mbongwana lokola bana na Ye moko, mpe bakota Yelusalema ya Sika. Lolenge Baefese 5:16

elobi ete, "Bosalela tango na bino malamu, pamba te mikolo mizali mabe," Nakolikya ete bokosalela tango na bino, bokokokisa kokola na molimo na bino, mpe noki noki kozwa bokonzi na Lola na makasi.

7

Etape ya minei kati na kondima

Bitape kati na Kondima

"Oyo azali na malako na ngai mpe azali kotosa yango, ye wana azali molingi na ngai; molingi na ngai akolingama na Tata na ngai mpe nakolinga ye mpe nakomimonisa epai na ye. (Yoane 14:21).

Baloni balonaka nkona mpe bakolisaka masangu mpo ete bazali na elikya ete bakobuka malamu. Nzambe azali kolekisa bato na mokili oyo na elikya ya lolenge moko, mpe akobuka masangu. Na miso na Nzambe, masangu ezali bana na Nzambe ya solo ba oyo balingaka Nzambe na mitema na bango nioso.

Alonaka nkona babengi bato na mokili mpe Akolisa bango mpona kozwa bato na molimo oyo bazali na motema ya solo mpe kondima ekoka. Soki tozali na etape ya minei kati na kondima, Nzambe Akondima biso lokola bato na molimo. Na bisika oyo tokoki koloba ete tozali bana na Nzambe ya solo.

1. Kobulisama esengeli kokokisama mpona kokoma bato na molimo.

Molimo ezali eloko oyo ekufaka te to embongwanaka te kasi ezali seko mpe solo. Yango ezali mpe lolenge na Nzambe Mokeli. Nzoto ezali eloko moko oyo ekesani na molimo. Ezali eloko moko oyo ekombongwana mpe ekufaka, mpe ezali mbindo mpe na tina te. Bakitani na Adamu, ba oyo babotama tango Adamu akweyaka, babotama lokola baton a mosuni. Bongo, moko ya motuya koleka mpona bato oyo ba mbongwana na mosuni ezali kombongwana longwa na moto na mosuni mpona kokoma moto na molimo.

Lolenge kani tokoki lisusu kombongwana na moto na molimo? Tosengeli kokoma babulisami.. Tango tolongoli masumu na mabe na mitema na biso, mingi mingi tango tolongoli lolenge na mosuni oyo ekufaka mpe embongwanaka kati na mitema na biso, bongo tokokoka kozongela elilingi oyo ebunga na Nzambe oyo Azali Molimo. Tango tombongwani na molimo, tokozongela kaka lolenge na molimo oyo Adamu azalaki na yango te, kasi tokokoma mpe bana na Nzambe baye baleki Adamu na kitoko.

Adamu akelamaka lokola 'molimo na bomoi'. Yango mpe elakisi ete molimo na ye ekokaki kokufa. Adamu azalaki na experience te ya koyeba lolenge nini mosuni ezalaki. Akutanaka na kufa te, pinzoli, mawa, to pasi. Nde, ata soki Nzambe Alakisaki ye ete molimo ezali malamu mpe mosuni ezali mabe, akokaki kobatela yango kati na motema na ye te.

Kasi baye oyo bakolisami na mokili oyo mpe sima bambongwani longwa na mosuni mpona kokota na molimo bayebi nini mosuni ezali na mikuwa na bango mpenza. Bayebi malamu mingi boni molimo ezali malamu, mingi boni malamu ezali kozanga kufa, mawa, mpe pasi moko te. Nde, lolenge nini momekano ekoki kozala, bakoki lisusu te kondima masumu na mabe. Na nzela na bokoli, na koleka na bato na mokili oyo, tokoki kososola boni makambo nioso mizali mpamba na mokili oyo. Mpe na tango toleki etape ya liboso, ya mibale, mpe ya misato kati na kondima, tokokoma solo na etape ya minei kati na kondima. Tozongeli sik'awa lolenge na bato na molimo. Na bisika oyo Nzambe Akotika biso tosepela makoki na bana na Ye na lolenge ekoka.

2. Etape ya minei kati na kondima: Kolinga Nzambe likolo na nioso

Etape ya minei kati na kondima ezali kondima ya kolinga Nzambe likolo na nioso. Ya solo, bato bakoki koloba ete balingaka Nzambe na etape ya misato kati na kondima mpo ete bakoki kobatela mibeko.

"Soki bokolingaka ngai, bokobatela malako na ngai" (Yoane 14:15)..

Kasi na etape ya misato kati na kondima, balongoli naino masumu kati na mitema na bango te, bongo, bakoki kotatola solo te ete balingi Nkolo. Kasi ba oyo na etape ya minei kati na kondima basi balongoli masumu ya mbotama; Babatelaka Mibeko nioso mpo ete balingaka Nzambe likolo na nioso. Bongo, bakoki solo kotatola ete balingaka.

Bilembo na bolingo na Nzambe mpona bango mikolanda. Bakosepela nzoto malamu na kofuluka na mokili oyo, mpe na Lola, bakosepela nkembo makasi na mpifo, lokola bana na Nzambe ya solo.

Na koleka na etape ya misato bisika wapi bokoki kosalela Liloba, bokokota na etape ya minei bisika wapi bokozinda mpenza kati na solo ata na sima ya kolongola ata masumu kati na motema na bino. Sik'awa, lolenge nini etape ya minei ekeseni na oyo ya liboso, ya mibale, na ya misato kati na kondima? Mpona kolimbolela bokeseni oyo, tika tozwa ndakisa na batesaloniki 5:16-18, oyo elobi ete, ""Sepela tango nioso; bondela na kolembe te; na nioso pesa matondi..."

Tika toloba ete moto apanzi sango ya lokuta mpona bino mpe azali kokosela bino makambo. Bongo, lolenge kani bokozongisa? Soki bozali na etape ya liboso to na ebandeli na etape ya mibale, bokoki kokende epai na ye mbala moko mpona koswana na oyo ezali mabe to malamu. Soki boswani na ye, mongongo na bino ekoki kotombwama, mpe bokoki na nkanda koswana na ye. Kasi soki bozali kaka na kati kati na etape ya mibale, bokoki komikamba mpona kozwa nkanda te to kobimisa mabe na bino mingi te mpo ete bobanda kolongola mabe.

Kasi lolenge kani moto na etape ya misato kati na kondima akozongisa? Soki naino botelemi na libanga na kondima te, kada na bino ekoki komata. Mpo ete boyebi solo, bokomeka kokamba kanda na bino mpe kokonza yango na kolobaka ete, "Nasengeli kopesa matondi mpe kosepela." Kasi bokoki mpenza kopesa matondi na itema na bino mibimba te.

Kasi ekeseni na etape ya minei. Ata moto akoloba makambo mabe mpona bino, bokozala na koningana na sentiment na bino te. Mpo ete bosalaki lisumu moko liboso na Nzambe te mpe conscience na bino ekokatela bino te, matondi na esengo na bino makolimwa mpona makambo mina te. Kutu, lokola Yesu Asalaka, bokoki ata kopambola bayini na bino mpe koyoka mawa na bato misuu mpe kobondela mpona bango mpo ete basala lisusu masumu te. Lolenge moko, ata na likambo moko, kozongisa ekokesana kolandana na etape kati na kondima, mpe malasi malamu ya mitema na bino miye mikomi penepene na Nzambe na bitape miye mikeseni.

Tika napesa bino ndakisa mosusu. Toloba ete moko na baboti na bino azali na likambo na urgence mbe esengeli na ye koleka na lipase. Bozali mpenza na posa na misolo, mpe bomoni mpe bolokoti libenga litondi misolo na nzela. Na etape ya liboso to ya mibale kati na kondima, bokoki kaka kozwa misolo.

Na etape ya mibale, motema na molimo oyo ekoluka kolanda bolamu posa na mosuni oyo elandaka posa na bino moko mikobunda bunda. Bongo, soki posa na nzoto elongi na makanisi ete bozali mpenza na bosenga na misilo, bokoki kosalela yango mpona bino moko ata soki bozali na kokitisama na molema.

Kasi na etape ya misato, bokoki kozala na makanisi na solo ten a tango moke na kokanisaka ete, "Nakoki kosilisa likambo na ngai na misolo oyo," Kasi suka suka bokolanda makanisi malamu mpe bokozongisa yango na mokolo na yango.

Kasi na etape ya minei, ezali mpenza ya kokesana. Ata lolenge nini bozali na posa na misolo, bozali na posa moko te ya kozwa biloko na moto mosusu, nde bozali na bitumba moko te kati na makanisi na bino. Bokomitungisa kutu likolo na nkolo na misolo oyo asengeli komitungisa mpona misolo mibungi mpe bokomeka kaka kozongisa yango noki noki.

Soki bozali na motema ya lolenge oyo, bozali na soni moko te liboso na Nzambe mpe bato, mpe bokoki mpenza komindima. Soki bozali na mabe moko kati na mitema na bino, bokoyoka moto pasi mpe bokoyoka lokola koningananingana kolandana na likambo na bino. Kasi soki bozali na mabe moko te kati na mitema na bino, bokozala tango nioso botindisami na Molimo Mosantu mpe bokozala na makanisi na esngo mpe na bolamu ata likambo eza ya lolenge nini.

3. Makambo ya motuya mpona bokili na kondima

Mpona bato misusu, kokola na bango na kondima ezali malembe mingi ata soki bazala BaKristu mpona tango molayi. Balekaka etape ya mibale te nde bakomaka ata na ebandeli ya etape ya misato te ata sima na ba mbula ebele to ba zomi na bambula. Bato misusu, na sima na kozwa ngolu na ebandeli, bazwaka mokano ya kolongola masumu mpe solo kokokisa motema na molimo nokinoki.

Moko na ba tina koleka mpona bokeseni oyo ezali ete bato babotama na mitema mikesana, miboko na mitema mikesana, mpe ba mbeki na mitema mikesana. Bato bazali bokeseni na bosolo te kati na mitema na bango. Minene na ba mbeki mikesana, bosembo mpe kitoko na miboko na mitema na bango mikesana mpe nioso. Kolandana na bokeseni oyo, bizaleli na bango nioso mikesana mpo na Liloba na Nzambe, mpe na lolenge nini bakolikya na Liloba, lolenge nini bakobatela yango na makanisi na bango, mpe lolenge nini bakosalela yango malamu.

Motema

Na ebandeli motema na Adamu ezalaka nkona na bomoi epesama na Nzambe, mpe boyebi na solo oyo ezalaka kozipa yango. Kasi na sima na kosumuka, boyebi na solo ebandaka kobima na motema, nde, boyebi na solo te, mingi mingi masumu na mabe, ebandaka kozwa bisika na yango.

Masumu na mabe kati na motema epesamaka na bakitani mpe na libota nioso na bakitani mindimaka masumu na mabe na lolenge na sika kati na mitema na bango lolenge bazalaki kobika. Bongo, motemana moto ezalaka na mabe ya mbotama oyo bazwa na bakoko na bango mpe mabe nioso batiaka na lolenge bazalaka kokola mpe kobika bomoi na bango. Ba oyo bazali na mabe moke kati na mitema na bango bakoki kokokisa kobulisama na mbangu koleka mpo ete bazali na moke ya kolongola.

Moboko na motema

Kolandana na moboko na motema na moto na moto, moto

na moto akoluka bolamu na etape ya kokesana. Kosalela emant na ndakisa, misusu mizalaka na nguya na magetique makasi mpona kobenda mabende tango misusu mizalaka na nguya mingi te.Lolenge moko, ba oyo na motema mpiko mpe malamu baklolikya na makambo malamu mpe ya kokoka, nde tango bakoyoka solo, bakondima yango na pete nab a 'Amen' mpe bakotosa yango na mitema na bango nioso. Ezali na lolenge oyo nde bakoka noki noki kokokisa kobulisama.

Toloba ete mabele na elanga ezali malamu. Nde, nkona kati na elanga ekobima mpe ekokola malamu. Nkona ekoki kobimisa mbuma malamu mpe ebele. Kasi, nkona ekobima mpe kokola malamu te na mabele ekawuka mpe ebotaka te, ata soki mbuma ekobima, ikozala ya malamu te. Ya solo, soki mabele malamu mikomi ya kokawuka mpe mitondisami nab a nzube mpo ete ba baluli yango te, nde ekozala pasi mpona kobuka mbuma malamu na mabele yango lokola. Kasi, soki moloni atie makanisi na ye na kolongola yango, ekozala pete mpo na ye kolongola ba nzube na matiti mabe mbe na mabele oyo ekawuka mpe ebotisaka eloko moko te.

Ezali lolenge moko na kondima. Basusu babotama na mabele malamu kasi bakolisama kati na mabe mpe na mikakatano, bongo bazali na ba solo te mingi kati na mitema na bango. Na likambo oyo, bazali lokola mabele oyo etondisama na ba nzube. Nde, bazali na bosenga na tango ya kobongisama, oyo ezali mimekano, mpona kolongola masumu. Kasi mpo ete bazali na mitema malamu, soki bakoyika mpiko, bakokoka kolongola masumu nokinoki. Ata soki bakoki komonana lokola na bizaleli makasi na mabe na miso na bato misusu, Nzambe ayebi lolenge nini bakoki kombongwana na sima, bongo Akosalela bango malamu lokola ba Mbeki mipetolama na sima na kolekisa bango mimekano.

Mbeki

Awa, Mbeki ezali sani ya motema na moto mpe lolenge na ye mpenza. Eloko motema esalema na yango ezali na kokokisama na moboko na motema. Mingi mingi, Mbeki ekoki kosalema na wolo, palata, to mabele. Monene na Mbeki elandana na makambo na solo oyo mikoki kokota kati na Mbeki. Na makambo mingi, ba oyo na miboko na mitema malamu bazalaka nab a Mbeki minene mpe malamu lokola, mpe ba oyo ba Mbeki minene mpe malamu bazalaka na mpiko mpe miboko na mitema malamu.

Soki bozali na ba Mbeki minene, bokosalela mitema na bino minene. Tango boyoki solo ya lolenge moko bokoki kosalela yango kaka na lolenge moko te kasi nab a lolenge mingimpe lokola. Na lisese elobaka ete, "Liloba ya moto na bwanya ekoka" elobi ete, tango moto na bwanya na molimo akoyoka Liloba na Nzambe, bakoyoka kaka mpe bakososola yango te, kasi bakososola motema na Nzambe Etiamakati na Liloba mpe bakomeka kotosa yango.

Tango ba oyo na ba Mbeki minene mpe malamu bakoyoka

Liloba na Nzambe, bandimaka limbola kati na mitema na bango. Bato wana bakoki kokolisa Liloba kati na mitema na bango mpe kondima na bango ekokola noki. Kasi soki tokondima kaka oyo tososoli kolandana na makanisi na biso na sembo te mpe miboko na boyebi mabe, kokola na biso na molimo ekozala malembe. Soki toyekoli ebele na Liloba mpe toyekoli yango malamu mpenza, mitema na biso mikoki komatisama mpona boyebi na biso, mpe na likambo na lolenge oyo ekoki kaka kosalelama mpona kokembisa boyebi mingi na biso mpe miboko na makanisi na biso mabe.

Tika na pesa bino ndakisa. Ezali na Liloba na Nzambe lokola, "Tala basusu lokola baye baleki yo. Mikitisa mpe salela basusu,." Soki bokoyamba maloba oyo na bongo na bino kaka, bokoki kokanisa makambo mingi. Bokomimona nini esengeli bosala mpona tango nioso mpe likambo nioso nakokanisaka ete, "Ekoki kolobama ete nazali kosalela baninga soki nakosala kaka boye, kasi nasengeli te kosala koleka oyo!"

Ata soki bokosalela basusu na lolenge oyo, bakoki koyoka nkaka to malamu te likolo na yango. Mpo ete bozali kosalela na motema ya komikitisa te, oyo bokosalela akoki solo koyoka motema na bino te, nde akoyoka kutu nkaka to soni tango azali kosalelama na bino.

Kasi, ba oyo bazali koyamba Liloba na Nzambe kati na mitema na bango mpe bakomeka komikitisa basengeli te komitungisa to kokanisa lolenge nini ya kosalela basusu. Soki lolenge ya mitema na bino ekitisami, moko moko na misala mpe bizaleli na bino mikotalisama na komikitisa, mpe bokozala na ezaleli na kosalela, koyoka mpona basusu, mpe kotosa basusu. Bongo, ata soki bokomitungisa te to bokomeka kokanisa lolenge kani bosengeli kosalela basusu, bakokoka komipemisa mpe koyoka malamu kaka na kokutana na bino.

Tika napesa bino ndakisa mpona bomoi na mokolo na mokolo mpona bososoli na bino malamu mpona maye matali miboko na mitema na bino mpe ba Mbeki na yango. Tango baboti bakoloba na bana na bango ete, "Ndako na bino ya kolala ezali salite, sukolani yango, mpe botia biloko nioso bisika esengeli," bana misusu bakotosaka baboti na bango te nakolobaka ete batiaki salite te. Bana misusu bakoki kaka kotindika biloko oyo ya salite na bisika moko. Na boye bakomonana lokola bazali kotosa baboti na bango, kasi bazali ata kokanisa te likolo na tina na baboti na bango kosenga boye.

Soki bazali na miboko na mitema miye milingi kotosa baboti na bango, mpe soki bakoyamba maloba na baboti na bango kati na mitema na bango, nini bakosala? Bakomeka kaka kolongola salite oyo bakomona na miso te, kasi bakosukola bisika nioso na ndako. Lisusu, bakomeka kobatela ndako petwa,. Na kososolaka ete mposa na baboti ezali kaka kosukola ndako te, bakobongola bizaleli na bango mpona kobatela makambo nioso petwa mpe malamu.

Makambo moko mikosalema na makambo nioso. Ba oyo

bakokaka koyamba maloba na bato misusu kati na mitema na bango mpe bakosalela yango na bosembo mpe na solo bakoki koyamba Liloba na Nzambe kati na mitema na bango, na pete kososola mokano na Nzambe, mpe komeka na kotosa yango. Na loboko mosusu, baye bakokanisaka kaka na oyo bamoni malamu mpe ba oyo bakimaka Pamela na tango bakosala lolenge moko na Liloba na Nzambe.

Mitema na biso, nse na mitema, na ba Mbeki na biso mizalaka oyo tobotama na yango. Kasi kolandana, na lolenge nini tozali komeka kokokisa bolamu na lolenge nini tokosalela ba Mbeki na biso na monene na makambo nioso, Mbeki na biso mpe nse na mitema mikoki kombongwana. Na lolenge tokokolisa bolamu kati na mitema na biso mpe tokolongola mabe na mitema na biso, tokoki kozala na miboko malamu na mitema mpe Mbeki na monene. Na lolenge wana tokokoka mpe kokokisa kobulisama nokinoki na koleka.

4. Lolenge na etape ya minei kati na kondima

Tosengeli kolikya mingi na Liloba na Nzambe, mpe komeka kososola na mobimba mokano na Nzambe yango efandi kati na Liloba. Nde, tokokoka kombongwana noki noki mpo ete Nzambe Akopesa biso ngolu na makasi, mpe Molimo Mosantu Akosunga biso. Soki tolongoli masumu nioso na mbotama kati na mitema na bison a lisungi na nguya na Molimo Mosantu, tokokoma baton a Molimo mpe baton a solo, nakozala na etape ya minei kati na kondima. Sik'awa, tika tozinda kati nab a lolenge na etape ya minei kati na kondima.

Kondima ya kolinga Nzambe likolo na nioso

Etape ya minei kati na kondima ezali etape ya kolinga Nzambe likolo na nioso. Bozali komeka kolinga te, kasi bolingi mpenza Nzambe mingi na motema na bino. Bozali kopusana pembeni na Nzambe na kopesaka ye mitindo ete, "Nzambe, soki Osaleli ngai boye na boye, ngai mpe nakosalela yo boye."

Bolingi eloko ezongisamela bino mpona bolingo bozali kopesa te, kasi bolingi Ye kaka. Na kobatelaka mibeko na Nzambe, boza;li kobatela yango mpona kozwa biyano na mabondeli na bino te to mpona kozwa mapamboli. Mpe mpona kobanga makama te. Bozali kobatela yango mpo ete, lokola moto na moto na motema na bino, bozali koyoka bolingo na Nzambe oyo Alinga biso liboso. Bozali koyoka ete ezali momesano ya kolinga Ye mpe kobatela mibeko na Ye. Ezali kaka esengo mpe sai kati na bino.

Daniele apesaka matondi na Nzambe kati na mabondeli na ye na koyebaka ete akobwakama na libulu na ba nkosi soki abondelaki. Abondelaki na maw ate mpe na komitungisa kati na motema na ye nakolobaka ete, "Nzambe, bikisa ngai! Nazali komeka kobatela mokano na Yo mpe nazali kati na likama." Kutu, na kozala na kimya abondelaki na matondi. Alingaki kaka Nzambe mpe alandaki mokano na Ye, mpe mpo ete atikaki oyo lifuti nioso ekokaki kozala na maboko na Nzambe, akokaki kopesa matondi soko akobika to akokufa.

Ezalaki lolenge moko na baninga na ye misato mpe lokola. Nini bango batatolaki liboso na mokonzi oyo alingaki kobwaka bango kati na moto makasi soki bangumbamelaki ekeko te?

Daniele 3:17-18 elobi ete, Soko ezali boye mbe Nzambe na biso, oyo tosaleli Ye, Ayebi kobikisa biso na litumbu na moto kongala; mpe Akobikisa biso na loboko na yo, E mokonzi, oyeba ete ata boye te, biso tokosalela ba Nzambe na yo te, mpe tokosambela elilingi na wolo oyo otelemisaki yo te."

Batiaki kaka elikya na nguya na Nzambe oyo Akokaki kobikisa bango na moto te, kasi ata soki Nzambe Abikisaka bango te, bakolanda kaka mokano na Nzambe.

Polo na Sila bakangemaki na makolo na bango kokangama na mabende, kasi bayimaki yimaki na Nzambe te to bazalaki na mitungisi te. Kasi, basepelaki, bapesaki matondi, mpe bayembaki nzembo na nkembo na Nzambe. Yango esalemaki lokola elembo na moto na etape ya minei, bana na Nzambe ya solo baye Nzambe Alingi kozwa. Nde, na mosala na Nzambe, ezalaki na koningana na mabele, mpe bikuke mifungwamaki mpe minyololo na bango mafungwamaki.

Kondima ya kolinga Nzambe liboso

Soki bokolinga Nzambe liboso, bokozala na mposa moko te mpona lokumu na mokili to bozwi, mpe bokolinga Nzambe koleka libota na bino ata bomoi na bino moko. Polo alobaki na Bafilipi 3:7-8 ete, Kasi soko nazalaki na litomba wana, natangi yango eloko mpamba mpona Kristu. Ee, nazali kotanga biloko nioso mpamba mpona likambo lileki malamu, yango koyeba Kristu Yesu Nkolo na ngai. Mpona Ye nabungisi biloko nioso mpe nazali kotanga yango bobele nyei ete nazua Kristo lokola libonzaElakisi ete akokaki kobungisa biloko nioso oyo amonaki lokola tina mpe na motuya na mokili oyo, soki ezalaki mpona Nkolo.

Yesu Alobi na Malako 10:29-30 ete, "Yesu alobi na ye ete, nazali koloba na bino solo ete,soko moto nani atiki ndakosoko bandeko mibali soko bandeko basi soko mama soko tata soko bana soko bilanga mpona ngai to mpona Sango Malamu, moto yango akozua na tango oyo ndako mpe bandeko mibali mpe bandeko basi mpe bamama mpe bana mpe bilanga mbala mokama na minyoko lokola, mpe na ekeke ekoya akozua bomoi na seko.'"

Soki bokosala kolandana na Liloba na Nkolo, bokoki kokutana na minyoko na ebandeli, mpe soki bozali na kondima ya kokoka te, bokoki kozala na pasi mpona yango. Kasi tango kondima na bino ekombongwana te mpe bozali kobika bomoi ya mondimi mosantu, ata baton a mokili bakondima bino. Lisusu, soki bokoti na molimo mpe bokolinga Nzambe liboso, Satana akoka lisuu kosalela bino te, nde minyoko nioso mikolongwa mpe bato bakondima bino mpe bakotosa bino lokola BaKristu ya solo.

Soki tokosala na kondima mpe tokosangana na mokili te, Nzambe Akosalela biso mpe suka suka tokokoka kopesa nkembo na Nzambe. Na kolobaka ete Nzambe Azali motuya koleka bana nay o to mabota mpe bosengeli kolongola posa na mosuni, nde, elingi kolakisa te ete bosengeli kokoma motema malili epai na bandeko na bino. Bosengeli kosalela bango lolenge basengeli kosalelama.. Bosengeli kosalela bandeko na bino na libota lolenge bosengeli kosala. Bosengeli kosalela bandeko na bino koleka baye oyo bandimela te bakosalaka. Lisusu, bosengeli kozala sembo na ndako nioso na Nzambe lokola moko na libota. Ezali mpe mokano na Nzambe mpona bandeko na bino oyo bandimela te basimbama na misala na bino malamu, bandimela Nkolo, mpe bazwa lobiko.

Kasi soki tondimeli Nzambe oyo Abota milimo na biso mpe Abikisa bison a etumbu na Lifelo, bongo ekozala eloko ya malamu te mpona kolinga Ye likolo na nioso kati na mokili oyo? Soki tokolinga Nzambe moto na yambo na lolenge oyo, tokosalela bato nioso na bolamu mpe bolingo mpe tokoluka lifuti na bato misusu liboso na makambo nioso. Nde, tokolinga bato misusu na bolingo na molimo na solo.

Kofuluka na makambo nioso mpe na nzoto malamu, na lolenge molema ekobika malamu

3 Yoane 1:2 elobi ete, "Molingami, nazali kobondela ete opambwama na makambo nioso mpe ete ozala na nzoto makasi na lolenge moko ezali molimo nay o kopambolama."

Awa, 'kopambolama na makambo nioso mpe kozala na nzoto makasi' elakisi ete bakozala na nzoto makasi na nzoto na lolenge moko bakofuluka na makambo nioso elongo na mabota, misala, mpe bombongo.

Mpona ba oyo milimo ezali kopambolama, Nzambe Akopesa bango nzoto malamu, bozwi, koyebana, bwanya, bososoli na makambo nioso bazali na yango bosenga. Nzambe Akosala kati na bomoi na bango mpona kokamba bango kaka na nzela na mapamboli.

Sik'awa, elakisi nini 'molema na biso epambolami', nini ezali nzela ya kozwa lipamboli? Na mokuse, tokoki koloba ete molimo na biso ezali kofuluka tango molimo na biso oyo ekufaki ezongeli bomoi mpe mologo, kati na molimo, molema, na nzoto ebatelami malamu. Esalemaka tango molimo na biso ya kokufa ezongeli bomoi na kondimela Nkolo mpe molimo ya kosekwa eyei na kokonza molema na molimo na biso lokola mokonzi.

Na ebandeli, tango Nzambe akelaka moto nay ambo Adamu, Asalaka ye molimo na bomoi. Adamu akelamaka na molimo, molema, mpe nzoto. Ezalaki molimo nde ezalaki kososola na Nzambe. Molema ekambamaki na molimo, mpe nzoto ezalaki Mbeki ya kobomba molimo na molema. Kasi Adamu asumukaki na kolia na nzete na boyebo malamu na mabe na kobukaka mobeko na Nzambe. Sik'awa, molimo na Adamu ekufaki kolandana na mobeko na mokili na molimo oyo elobi ete lifuti na masumu ezali kufa.

Awa, 'kokufa na molimo' elakisi te ete molimo etiki kozala kasi mosala na molimo etiki. Tango molimo ekufi mpe ekomi mpenza na mosala te, molema ekozwa bisika na molimo mpe ekobanda kosala lokola mokonzi.

Molema ezali kombo na eteni na bongo oyo ekangaka makambo, boyebi nioso efanda kati na yango, mpe mosala na kobanza mpe na kosalela mayele. Tango moto akutani na likambo moko, akobatela yango na bongo na ye, mpe akobanza mpe akosalela yango, mpe akosalela boyebi na ye. Oyo nioso ezali "mosala na molema.."

Tango molimo esali mosala na mokonzi, moto akokaki kosolola na Nzambe na molimo mpe azwaki boyebi na solo kowuta na Nzambe. Bongo, mosala na molema esalemaka kaka na solo, nzoto mpe esalaki mpe ekambemaki kaka kati na solo na lolenge molimo elingaki. Kasi wuta molimo ekufaki mpe lisolo na Nzambe ekatamaki, moyini zabolo na satana babandaki kokonza moto na nzela na molema.

Boyebi na solo oyo Nzambe Alonaka kati na motema na moto ebandaka kotanga moke moke, mpe na bisika, boyebi na lokuta, mpe masumu kili kili na mabe ekonamaki na moyini zabolo na Satana. Na koleka na tango, motema na moto ebebisamaki na lutuka ya koleka mpe moto ayaka kobika na masumu ya lolenge nioso na mabe. Molimo kopambolama' etalisi tango molimo esekwi mpe ezali kosala mosala na mokonzi na molema na nzoto kaka lokola Adamu na tango akelamaka.

Mpona molimo ekufa na moto esekwa, tosengeli kondimela Yesu Christu mpe koyamba Molimo Mosantu. Molimo Mosantu Akoya kati na motema na biso mpe Akosekwisa molimo ekufa kati na biso. Akosunga biso totondisa boyebi na solo lisusu kati na mitema na biso. Tango tokoyoka Liloba, Akosunga biso tososola mpe tondimela Liloba mpe akotika biso toyeba likolo na masumu, bosembo, mpe esambiselo. Akopesa biso makasi mpona kokanisa kati na solo, koloba na solo, mpe kosala na solo tango nioso.

Tango tokotosa mosala na Molimo Mosantu oyo Azali kosunga biso, tokoka kobota molimo na nzela na Molimo Mosantu. Bosolo te lokola lolendo, koyina, kanda, likunya, ekobo, ba posa mabe miye milonamaka na moyini zabolo na Satana ekolongwa moko na moko, mpe motema ekotondisama na solo mpenza, bokozongela elilingi na moto nay ambo oyo Nzambe Akelaka, na tango oyo nde molimo na bino ekopambolama.

Soki bolongoli solo te nioso kati na motema na bino mpe soki molimo na bino ekopambwama, na kolandana etape kati na kondima, bozali na etape ya minei kati na kondima. Bozali lisusu te bato na mosuni oyo ekufaka, to bozali bato oyo bakonzami na molema. Soki bozali na mabe moko te kati na motema, Satana akoka te konokisa makanisi moko ten a lokuta o nzela na molema.

Yango ezali lokola kopona frequence radio. Bokoyoka lolaka na kokesana na radio kolandana na frequence nini boponi. Soki molimo na bino ezali mokonzi, motema na bino ekozala na frequence na Molimo Mosantu. Soki molema na bino ezali mokonzi, nde motema na bino ezali na frequence na Satana.

Soki botondisi molimo na bino na solo mpe soki molimo na bino ezali mokonzi, bokondima kaka malakisi na Molimo Mosantu, mingi solo, mpe molema na nzoto na bino mikotosa molimo na bino, mpo ete bokoka na kozala kaka na makanisi mpe misala na solo. Na loboko mosusu, soki molema na bino ezali mokonzi, bokokanisa lolenge Satana alingi mpe bokosala na mabe.

Tika napesa bino ndakisa.. Toloba ete bokoyoka malamu te mpona moto songolo, mpe asali lisusu likambo oyo bolingaka te. Bongo, Satana akosala na nzela na makanisi. Azali lisusu kosala likambo wana.. Nalingaka yango te. Nakoki kutu kobeta ye.." Satana akotia kati na bino makanisi oyo ya lokuta. Na tango oyo, soki bozali na mabe lokola koyoka mabe na nkanda, bokondima makanisi oyo ya solo te mpe bokosilika to bokoki ata kobeta moto wana.

Kasi mpona ba oyo milema na bango epambwama, ata soki Satana akomeka kolona makanisi na solo te kati na bango, bazali na mabe moko kati na mitema na bango te mpona koyamba makanisi mana na lokuta. Bazali kaka na bolingo, kolimbisa, koyokela bato malamu bika na koyina na kanda, nde ata soki moto mosusu azali kosala mabe, bakososola kaka, mpe bakolinga mpe bakondima ye moto mosusu. Bongo, kaka lolenge tokoki te koyoka lolaka soki tokoti na frequence na yango te,Satana akoki kokonza makanisi na biso te soki tozali koyoka te. Bato oyo milimo na bango mipambwama bakobota mbuma na baton a esngo; bolingo na molimo oyo ezali eteni na bolingo, 1 Bakolinti 13; mpe ba mbuma libwa na Molimo Mosantu.

5. Mapamboli mipesameli na bato na molimo

Kolandana na etape na biso kati na kondima, tokozwa bisika ya kokesana mpe nkembo na Lola. Mapamboli na molimo na mapamboli na biloko ya mokili oyo mpe mikokesana mingi. Soki tokoti na etape ya minei, elakisi ete tolongoli ata masumu kati na mitema na bino mpe tobulisami. Kaka wana nde tokoki kobengama bana na Nzambe ya solo. Lisusu, kaka wana nde tokoki kosepela mpifo na molimo lokola bana na pole.

1 Yoane 5:18 elobi ete, "Toyebi ete moto na moto oyo asili kobotama na Nzambe akosalaka masumu te mpo ete Ye oyo abotami na Nzambe akobatela ye mpe ye oyo ya mabe akotiela ye loboko te." Ye mabe, mingi mingi moyini zabolo na Satana akofunda baton a mosuni baye bakobika kati na masumu mpe bamemelaka bango mimekano na makama. Kasi baye oyo

balongola masumu ata kati na mitema na bango basumukaka te, nde Nzambe Akoki kobatela bango mpe bakokutana na makama te.

Ya solo, ezalaka na makama endimama na Nzambe mpona kotika bana na Ye bakota na molimo yakokoka, kasi mikesana na mimekano moyini zabolo amemaka. Ata na mimekano, bakofuluka na makambo nioso, mpe bakokoka koyoka ete Nzambe Azali na bango.

Yango ezalaki likambo na Yosefe, muana na Yacobo. Na mokano na Ye, Nzambe andimaki Yosefe atekama na boumbu na Ejipito. Kasi ata na mimekano, Nzambe azalaki na ye mpe Atikaki ye afuluka na makambo nioso (Genese 39:23). Tango mimekano misilaki, Nzambe Atombolaki ye na bisika ya komata koleka.

1 Yoane 3:21-22 elobi ete, "Balingami, soki mitema na biso mikokweisa biso te, tozali na molende liboso na Nzambe mpe soko tokolomba eloko nini, tokozwa yango epai na Ye mpo ete tokokokisa malako ma Ye mpe tokosalaka makambo mazali malamu na miso na Ye." Lolenge elobama, mpo ete bato na molimo basalaka masumu te, bazali na mpifo na molimo. Ata na nzoto, bazali na molende liboso na Nzambe mpe bakozwa biyano na nioso oyo bakosenga na mabondeli. Sik'awa, tika totala kati na mabondeli oyo baton a molimo bakozwaka.

Lipamboli na nzoto malamu

Moto na molmio anyokwamaka na bokono to mikakatani te. Babatelamaka tango nioso na bifelo na moto na Molimo Mosantu, nde bokono ekoka at ate kokotela bango. Aya soki bazwi yango, ekozika na moto na Molimo Mosantu mbala moko tango bakobondela.

Ata liboso na bino bokota na molimo, bokoki kokutana na misala mingi na lobiko tango bokokota na espace ya kondima na kondima. Ata soki bokutani na likama na nzela bisika wapi motuka ebibi mpenza to ezali na bosenga na kobwakama, Nzambe Akobatela bino na lolenge bozali kobatela mokolo na Nkolo bulee mpe bozali kopesa moko na zomi ekoka. Bongo, tango basusu oyo bazali ata na molimo te bakobatelama na Nzambe, bakozala na eloko moko ten a bokono to makama. Soki bokoti na molimo ekoka, bokozongela bolenge na makasi mpe nzoto malamu.

Lisusu, na kokendeke likolo na kozala nzoto malamu bango moko, tango baton a molimo bakobondela mpona bato misusu, misala na lobiko mokosalama. Lolenge elobama na Yakobo 5:16 ete, "Boye, bayambolana masumu, moto na moninga na ye, mpe babondelana ete bobika. Libondeli na moyengebene ezali na nguya mingi.." Misala na lobiko mokosalama tango moto na molimo akobondela mpona baninga.

Mapamboli na misolo

Liboso na ngai nandimela Nkolo, nazalaki kati na

mikakatano na misolo makasi mpona tango molayi na bokono na ngai. Kasi na tango nakomaki MoKristu, naleki mimekano nioso mpe nakoti na molimo, Nzambe Apambolaki ngai mingi mpe nafutaka ba niongo nioso na moke nab a sanza. Nzambe Apambolaki biso na lolenge tolonaki (Bagalatia 6:7). Lisusu, soki toloni moko, Azongisaka kaka moko te kasi koleka mbala mibale na oyo topesaki. Soki tokoti na etape na minei, oyo ezali ya molimo, tokobuka kaka mbala mibale te, kasi mingi.

Matai 13:23 elobi ete, "Ye oyo akonami likolo na mabele malamu azali ye oyo ayoki Liloba mpe akati ntina; ye aboti mbuma mpe abimisi yango, mosusu mokama, mokama, mosusu ntuku motoba, mosusu ntuku misato, ntuku misato."

Oyo ezali kaka likolo na mapamboli na molimo te kasi mpe pona mapamboli na biloko. Baye bakoti kati na molmio mpe bazali na motema malamu bakobuka mba 30, mbala 60 ata mingi koleka. Soki bokei na etape na mitano, molimo na kokoka, nde bokobuka mbala 60 to 100. Ata soki emonani lokola ezali na nzela te mpona bino bozwa mapamboli mpe bozali na makoki moko te, kaka na kokota na molimo, Nzambe Akobongisela bino nzela mpo ete Apesa bino mapamboli mpe Akotambwisa bino na nzela yango. Dutelonome 28:1-14 ezali elaka na mapamboli nab aye oyo bakoti na molimo.

Biteni 22-3 elobi ete, Mapamboli oyo nioso makokweila yo mpe makobila yo, soko okotosa mongongo na Yawe Nzambe na yo: Okopambolama na mboka mpe okopambolama na elanga.'

Biteni 5-6 milobi ete, Ekolo na yo mpe esalelo na yo na kwanga ikopambolama. Okopambolama na ntango na kokota na yo mpe okopambolama na ntango na kobima na yo".

Lipamboli mpona moto na molimo ekokwela baye oyo bazali na bango lokola. Ezali kaka lolenge Lot, oyo Azalaki na Abalayama, ye mpe azwaki mapamboli mpe azalaki na bozwi mingi.

Nzambe Alakaka Abalayama na Genese 12:3, "Nakopambola baoyo bakopambola yo, mpe nakolakela mabe baye balakeli yo mabe; mpe pona yo mabota nioso na nse bakopambolama."

Ya solo, mpona bino kozwa mpifo na mapamboli na kolakela mabe, bosengeli kokota na molimo na kokoka. Kasi ata na etape ya minei kati na kondima, etape na molimo, bato zinga zinga na bino bakopambolama elongo na bino. Ata soki bozali na moto na molimo, soki bokoki ten a miso na Nzambe, bokokoka te kozwa mapamboli, kolandana na bosembo na Nzambe.

Tango nioso kozwa kotambwisama na Molimo Mosantu

Soki bokoti na 'libanga na kondima' na etape ya misato kati na kondima, bokokoka solo kobatela Liloba na Nzambe, nde nakosalaka bongo, bokozwa kotambwisama na Molimo Mosantu mpe bokofuluka na bisika mingi. Kasi, bokomi naino ten a bisika oyo motema na bino etondisami na solo mpe bozali komitika mobimba na maboko na Nzambe.

Na bisika oyo, bokoki kozwa kotambwisama na Molimo Mosantu, kasi na lolenge bozali naino na makanisi na mosuni oyo etikala, bokokoka te kozwa kotambwisama na Molimo Mosantu na % 100. Tango mosusu, bokoki komisososla te. Ndakisa, na sima na bino kobanda mosala songolo na lisungi na Molimo Mosantu, soki bokutani na kokoso, molende na bino ekoki kokita. Bokoki komituna ete, "Nazwaki mpenza kotambwisama na Molimo Mosantu, to ewutaki kaka na makanisi na ngai?"

Na bokeseni, ba oyo na etape ya minei kati na kondima bazali na motema etondisami mpenza na solo, mpe Liloba na Nzambe efandisama kati na bomoi na bango moko. Bamekaka kosalela Liloba na Nzambe te kasi mpo ete motema na bango embongwana nasolo yango moko, misala na bango ekobima mbala moko kati na bosolo.

Na bisika oyo, bozali kozwa kotambwisama na Molimo Mosantu na ndenge esengeli mpe bokotosa mongongo na Ye. Lisusu, soki bobondeli mpona kokokisa eloko na kondima, bokokanga motema na kondima makasi kino tango libondeli wana ekoyanolama. Soki bokoki kaka kotosa na lolenge oyo, Nzambe Akokamba bino malamu. Tango bozangi bwanya, akopesa bino bwanya; tango bozangi bososoli, Akopesa bino bososoli.

Tango moto na molimo akozwa mokano na komitika kaka na maboko na Molimo Mosantu, ata soki bakoki komikosa mpe kosala eloko ekeseni na mokano na Nzambe na tango wana, Nzambe Akobatela bango. Ata soki ezali na libulu oyo esalemi na moto mabe, Nzambe Ye moko Akokamba likambo wana. Akotika moto na molimo azwa nzela, to Akosala mpona bolamu na makambo nioso na nzela na likambo wana.

Lisusu, lokola Dutelenome 8:13 elobi, "Yawe Akozalisa yo moto kasi mokondo te, mpe okotombolama likolo kasi okokita na nse te," bisika nioso bakokende, bakoki komata na ebonga oyo endimami.

Daniele na baninga na ye misato babatelaki mobimba na Mibeko na Nzambe ata na bisika wapi bazalaki bakangemi na ekolo mosusu. Nde, Nzambe Apesaki bango bwanya mpe mayele mpona kotika bango bandimama na mokonzi na mboka mpe Atomboli bango na bisika na lokumu na ekolo wana. Lisusu, ata tango bakendeki kati na moto to na libulu na kosi mpona bato mabe, Nzambe abatelaki bango mpo ete ata suki moko na moto na bango ezika te.

Lipamboli yakoteya libota

Misala 16:31 elobi ete, "Balobi ete, Ndimela Nkolo Yesu mpe okobikisama, na yo na bato na ndako na yo.'" Soki moto moko andimeli Nkolo mpe akomi MoKristu ya solo, ye na bandeko na libota na ye bakozwa mpe lobiko.

Lisusu na Misala chapitre 10. Kolonele asangisaki libota na ye mobimba na baninga na ye mpe abengisaki Petelo. Na tango wana, moto nioso oyo asanganaki kuna ayokaki Sango malamu mpe ayambaki Molimo Mosantu. Nakomonaka bongo libota na ye mobimba ata baninga na ye basanganaki na liloba na Kolonele, tokoki komona bomoi ya lolenge nini azalaki kobika na mokolo na mokolo.

Soki bozali kobika na bo Nzambe lokola Kolonele, bandeko na libota na bino, baninga na bino, na bato zinga zinga na bino bakondimela nioso bokoloba. Maloba na bino mikozala na nguya ya kokokisa misala. Bongo, soki bozali kobondela mpona toteyama na libota na bino, botala lolenge nini bokomi ndakisa na basaleli mpe na komikaba mbeka.

Ata ete naino bokoti na molimo te, na lolenge bozali kokende na molimo, mpe na lolenge bozali kopesa ngolu mpe botalisi bolamu na bizaleli epai na basusu, bandeko na libota na bino bakoya mpe kati na bondimi.

Kokende na molimo ezali kaka kosala misala minene te mpona Nzambe, kotalisa nguya na Ye makasi, mpe komema bato mingi na kopesa nkembo na Nzambe. Bato na molimo bakomikitisa mpe bakosalela basusu na likambo nioso na bomoi na mokolo na mokolo, nakokomisaka maloba mpe misala na bango nioso kitoko.

Oyo ezali elembo ete bazali na molimo. Bakokoma mwinda

mpe mungwa mpe bakopesa nkembo na Nzambe. Soki bombongwani na lolenge oyo, kaka bato misusu te bakoningisama kasi Nzambe mpe Akosimbama, mpe Akopambola bino na makambo nioso.

Nkembo oyo epesami na Lola na seko

Lipamboli na baye bakoti na molimo mikoki te kolimbolama nioso awa. Kasi, lipamboli monene mpona bango koleka lipamboli nioso yakozwama na mokili oyo ezali nkembo oyo bakosepela na bokonzi na seko na Lola. Bomoi na bokonzi na mibale na Lola mpona ba oyo na etape na minei kati na kondima mizali mpenza na kokesana na bokeseni na dimension na lokumu na esengo.

Likolo na nioso, ba oyo na etape ya misato kati na kondima to na nse bakoka komona elongi na Nkolo te ata na bokonzi na Lola. Ezali loklenge Baebele 12:14 elobi ete, "Luka kimya na motoso nioso, mpo ete soki moto azangi bulee yango akoki komona Nzambe te."

Koluka kimya na moto nioso na kobulisama, tosengeli kobulisama mpe tokota na etape ya minei kati na kondima. Kaka soki tolongoli masumu nioso kati na mitema na biso mpe tokoti na molimo, tokoka te ata komona bilongi na Nkolo na bolingo to Nzambe Tata. Ata soki tokoki kobika mpe kokota na bokonzi na Lola, tokokoka kotala bilongi na bango te mpona minda makasi na nkembo.

Na boye, ba oyo bazali baton a Yelusalema na Sika te bakokoka kaka kokota lolenge balingi kati na engomba te, ata soki babengisami. Ezali mpo ete minda na banzoto na Lola mikokesana na bisika na bisika na kobika na Lola. Ba oyo bazali kobika na bokonzi na misato na Lola to na nse basengeli kodefa bilamba mpona kolata na Yelusalema ya sika mpona kolonga bokeseni na pole.

Kasi ata soki balati bilamba misusu, bakoyoka soni mpo ete bakoki te kotala elongi na nkembo na Nkolo. Ezali lokola na mikolo na kala na Koré, na komikitisa kati na makanisi na bango, ba oyo bazalaka kokende liboso na mokonzi na ekolo to Nkumu bakokaki te kotombola mitu na bango.

Ba oyo na bokonzi na misato na Lola baye bakokisi kobulisama na mitema na bango bakoki komona elongi na Nkolo mpo ete etikalaki kaka moke mpo ete bazala sembo na ndako mobimba na Nzambe. Soki tokokanisa kaka boye, tokoka komona boni bokeseni ezali kati na ba oyo babulisami na ba oyo nanu babulisami te.

6. Bokonzi ya misato na Lola

Bisika ya kobika na Lola mikoki te kokokisama na esengo na mokili oyo. Ezali na lokuta te, sika na mawa mpe pasi, ezali kaka na bolingo na esengo. Ezali na banjelu kitoko, banzembo malamu, mpe bisika na kitoko koleka ezali kuna. Tokobika kuna na balingami na biso mpona libela. Kasi nkembo oyo tokoki kobika na Lola mikokesana mpe kolandana na bibitape kati na kondima.

Na Paradiso, bokonzi na liboso, mpe bokonzi na mibale na Lola, ezali na banjelu ebele oyo bazali kobongisa biloko mpe bakosungaka bana na Nzambe na tango na tango. Kasi ezali na banje oyo bakosalela kaka moto moko te. Banjelu oyo basalelaka moto na moko bapesamaka kaka na ba oyo bakoti na bokonzi na misato to likolo. Lisusu, ebele na banjelu bakosalela bango ekokesana kolandana na lolenge nini moto abulisami mpe lolenge nini asepelisaki Nzambe na misala na kondima mpe kotosa.

Misala na banjelu mikeseni na ba oyo bazali na bokonzi na mibale na Lola na ba oyo bazali na bokonzi na misato na Lola. Na bokonzi na misato na Lola, baje bakotanga makanisi na bakonzi na bango mpe bakosala elingi bango. Ndakisa, soki bakonzi na bango baling kozwa ba mbuma, banjelu bakotanga makanisi na bango mpe bakomemela bango ba mbuma. Kasi ba oyo na bokonzi na mibale basengeli kosenga banjelu bamemela bango ba mbuma.

Lisusu, mpona ba oyo bakoti na bokonzi na misato to likolo, mituka lokola mapata ekopesamela bango. Mpona ba oyo na Yelusalema ya Sika, bakozala na mituka na bango moko na lolenge na mapata tango ba oyo na bokonzi na misato bakozala na yango mpona kosalelama na bato nioso. Mapata na Lola mikeseni na oyo ya mokili oyo. Mapata na Lola ezali lokola kobakisa decoration mpona kobakisa nkembo mpe kitoko.

Na kobakisa, ata libanda na nzoto nab aye na bokonzi na mibale nab a oyo ya nse ekeseni mingi na ba oyo na bokonzi na misato mpe likolo. Minga na nkembo, bilamba, decoration na bilamba, decoration, lolenge na suki mikeseni mpenza nde wana tokoka kososola na pete lolenge nini moto abulisamaka mpe lolenge kani moto alingami na Nzambe.

Sik'awa, boni mpona ba ndako na bokonzi na misato? Lolenge kani mitongami? Ba ndako na bokonzi na mibale mizali ndako na etage moko. Kasi, kobanda bokonzi na misato ba ndako milayi mikomata na ba etage ebele. Mibongisami na wolo ya petwa mpe mabanga na talo, mpe mizali na maziba mpe bilanga kitoko miye mizali na bafololo na solo malasi kitoko na ba nzete. Ezali na ba mbisi mingi kati na maziba, mpe bokoki kosolola masolo kitoko na bango.

Na bokonzi na mibale na Lola bokoki kozala na eloko nioso ya masano lokola esika na golf, piscine, to bisika ya kotambola, kasi bokoki kaka kopona moko kati na bango. Kasi na bokonzi ya misato, bokoki kozala na eloko nioso bolingi. Ba ndako na bokonzi ya misato miye mizali na biloko oyo mibongisami na kitoko mingi mpe bonene oyo ata bato na ba misolo mingi mpenza na mokili oyo bakoki te komeka kotonga.

Bokeseni mosusu, na bokonzi na mibale ezali ete na bisika

moko ezali te na nkombo na nkolo lopango oyo ekomama na lopango, oyo etalisaka mokolo ndako. Ezali mpo ete lolenge na moto ye moko mpe malasi na ye moko ekobima na ndako yango moko mpo na kososolisa bato motema na nkolo ndako mpe basusu bakokoka na pete koyeba ye azali nani. Kaka lolenge solo malasi na molimo na moto na moto ekesana, solo malasi na mwinda oyo mikobimaka na ndako na moto na moto mikokesana. Na lolenge moto aleki na kosantisama mpe kokokana na Nzambe, kitoko koleka solo malasi mpe mwinda na ye ekozala kobima na ndako na ye.

Motole na lolenge nini bakozwa na bokonzi na misato kati na Lola? Yacobo 1:12 elobi ete, "Esengo na moto oyo akoyikaka mpiko kati na komekama, pamba te awa esili ye kolonga, akozwa motole na bomoi molakaki Nkolo epai na bango bakolingaka Ye." Lolenge elobami, bakozwa motole na bomoi.

Mpe Emoniseli: 10 elobi ete, "...Zala sembo kino kufa, mpe Nakopesa yo motole na bomoi." Kozala sembo kino kufa ezali kozala sembo na balolenge na molimo. Bakokokisa mosala oyo Nzambe Apesa bango mpona bokonzi na Nzambe na kondima na babomami. Lisusu, basanganaka na mokili oyo te. Bakobunda mpe bakolongola masumu kino na bisika na kotangisa makila mpe bakokoma mpenza babulisami. Ba oyo bazali ba wana bazali sembo kino kufa..

Ba oyo bakoti na bokonzi na misato na Lola bakokisi kobulisama mpe bazala sembo kino kufa na bomoi na bango mobimba, nde bakozwa motole na bomoi mpona yango. Lisusu, ata soki moko Abulisami na kokoka te, soki abomami mpona nkombo na Nkolo, akobika na bokonzi na misato na Lola, mpe akozwa motole na bomoi. Kasi, mobomami asengeli kopesa bomoi na ye na kondima ya solo mpe bolingo.

Tosengeli te kolikya mpona lokumu na koyebana na mokili. Tosengeli kaka kolikya kobulisama na kolongola masumu. Nakolikya ete bokolikya mokili te kasi kaka koluka kokota na molimo mpe molimo ekoka, mpe na tango nioso na bomoi na bino bozwa bisika malamu na Lola na makasi.

Bitape mpona kokoma na etape na mitano kati an kondima

Na yango mpe asili kotiela bisobilaka minene mpe na motuya mingi na ntina ete na bilaka yango bozwa na bino kati na lolenge na Nzambe mpe bokima libebi lizali kati na mokili mpona mposa mabe. Na ntina oyo mpenza, bitia etingia nioso mpona komizuela molende kati na kondima na bino mpe mayele kati na molende, mpe komipekisa kati na mayele, mpe mpiko kati na komipekisa, mpe kosambela Nzambe kati na mpiko, mpe boboto epai na bandeko kati na kosambela Nzambe mpe bolingo kati na boboto epai na bandeko."

Etape ya minei ezali etape bisika wapi bozali kozwa mapamboli na makambo nioso mpo ete molema na bino ekopambwama. Kasi, kasi naino botondisami na biloko na molimo miye misengelaki kotondisa mitema na bino. Ndakisa, ba oyo bakoti na etape ya minei kati na kondima bazalaka na masumu ya kobotama ebengami 'koyina' te, nde bazali kaka na bolingo. Kasi monene na mozindo na bolingo mizali naino na kokesana kolandana na moto na moto. Kolandana na bolingo ya monene nini batie na sani ya petwa oyo ezangi koyina, bakoki kokoma yakokoka mingi na molimo. Sik'awa, tika tozinda na etape kati na kondima kolandana na bitape kati na bolamu. Lisusu, tika totala kati na oyo tosengeli kotondisa mpona kokota na etape ya mitano kati na kondima.

1. Bitape kati na bolamu

Bolamu ekoki kokabolama na biteni minei. Na etape ya liboso ya bolamu, soki moto songolo asaleli bino mabe, bokoyoka mabe, kasi bokokanga yango mpe bokozongisa mabe na mabe te. Kati na mokili oyo, soki bozali kaka na etape ya liboso kati na bolamu, bosengeli kondimama lokola bato malamu mpenza. Na kotala etape kati na kondima, etape kati na kondima bisika wapi bokoki kosalela mpe kosala kolandana na Liloba ekokani na etape ya liboso kati na bolamu.

Kasi, etape ya liboso kati na bolamu endimami te lokola bolamu ya solo na miso na Nzambe. Ata soki bato bazali kolakisa mabe te, bazali naino na mabe kati na mitema na bango. Nzambe Andimaka etape ya mibale ya bolamu mpe likolo lokola bolamu ya solo. Na etape ya mibale kati na bolamu, ata soki moto asaleli bino mabe, bozali na nkanka moko te epai na ye. Bokoki kolimbisa ye na motema na bino konigana ningana te. Soki bozali na bolamu ya lolenge oyo, bozali na mabe kati na bino te. Elakisi ete bozali na motema petwa, motema ya molimo oyo etalisaka ete bozali na etape ya minei kati na kondima.

Nini etalisaka etape ya misato kati na bolamu? Bokoki kolimbisa bato mabe na motema pasi te. Bokoki kokitisa mitema na bato misusu na maloba malamu mpe misala miye misimbaka mitema na bango. Ba oyo na mozindo na etape ya misato kati na bolamu to ba oyo na ebandeli ya etape ya mitano bakoki kolakisa misala oyo.

Na etape ya minei kati na bolamu, bozali na bolingo ya komikaba mbeka na oyo bokoki ata kopesa bomoi na bino mpona moto oyo azali kosalela bino mabe. Yango ekokani na etape na mitano kati na kondima. Bazali baye oyo bakosepelisa na miso na Nzambe. Ba ndakisa kati na Biblia ezali Abalayama, Mose, na Eliya na Boyokani ya Kala; mpe Polo, Petelo, Yoane, Setefano, na Philipo na boyokani ya sika.

Yesu Abakamaka na Ekulusu kaka mpona bato malamu te, kasi mpona kobikisa bato mabe mpe lokola. Ata na tango azalaka kobakama na ekulusu, abondelaki mpona bolimbisi nab aye bazalaki kobaka ye na ekulusu. Kaka tango tokokoka kobimisa bolingo ya lolenge oyo tokokoka koloba ete tokokisi bolamu ya likolo koleka..

2. Kolongola bilembo ya mosuni

Na etape ya minei kati na kondima, bolongoli mabe ya lolenge nioso, kasi bozali naino na bilembo na mosuni.Moto abotamaka na masumu na mbotama, mpe mpo ete tobikaka na mokili oyo embongwana na masumu na mabe, bokoki kokoba na kozala na bilembo na kobika bomoi na moto na mosuni. Bokoki kokota na molimo ekoka mpe kozwama na BoNzambe kaka tango bobongisi mpe bokomisi yango ya kokoka mpe lokola.

Bilembomina na mosuni mikokani mpenza na bizaleli oyo moto azalaki na yango liboso na ye kokota na molimo. Ndakisa, moto akoki kozala basembo mpe polelepolele, na bosolo, mpe malamu, kasi akoki kozanga bolingo mpe kokaba. Basusu balingaka kopesa basusu mpe batondisami na bolingo, kasi ba emotion na bango embongwanaka na pete, to maloba na bango mpe misala mizalaka tango mosusu makasi mpe basalaka basusu mabe. Bato misusu bazalaka tango nioso sembo na misala na bango, nde bandimama tango nioso mpe balingama na basusu. Mpo na yango, na mozindo na mitema na bango bazali na lolendo, oyo basosola te.

Tango baton a lolenge oyo balongoli masumu nioso mpe bakoti na etape na minei kati na kondima, bazali naino na makambo oyo mitikala na bizaleli na bango ya kala. Mpona bilembo miango na mosuni, bakokota na mimekano mpona kokokisa elilingi ya kokoka na Nkolo. Nzambe Azali bolingo, nde Atikaka bato oyo bakota na mimekano, mpo ete bakoka kolongola ata bilembo oyo mpe bakota na molimo yakokoka.

Sik'awa, bokoki komituna, "Lolenge kani moto akoki kozala

na mosuni tango alongoli masumu na mabe nioso?" Soki bokanisi likolo na kosukola bilamba, bokoki kososola yango na pete. Bilamba ya pembe miye mizalaka na salite ya kala mingi mpe oyo ekota makasi mikozonga petwa na lolenge mitongamaki te ata na sima na kosokolama. Na lolenge moko, ezali na makambo oyo bato batiaka kati na bango tango bazalaki kobika kati na mokili oyo ya mosuni mpe na kokola na koleka na bato na nse na moi. Makambo mina mitikala lokola bilembe na salite ata na sima na bango kolongola masumu nioso mpe kokoma babulisami.

Bongo, moto na etape na minei kati na kondima azali solo moto na molmio, kasi ezali na bilembo na mosuni mitikala, mpe asengeli kobota mbuma na solo yakokoka mpona kondimama lokola moto akokani na Nkolo. Na lolenge motema na moto etondisami na mbuma na solo, miye mizali ba mbuma na molmio, bilembo maye na mosuni mikobanda kolimwa moke moke.

Tika napesa bino ndakisa kati na Biblia mpona kososola bokeseni na molimo na molmio na kokoka na pete.

Na genese chapitre 12, muasi na Abalaya, Sara, azawamaka na

mokonzi na Ejipito. Na tango Abalayama azalaka kokende na Ejipito, akanisaka ete Baejipito bakomeka kosala ye mabe mpona kobotola ye Sara. Nde, atunaki Sara aloba ete azalaki ndeko na ye ya muasi. Ya solo, na makila, azalaki ndeko na ye, nde ezalaki lokuta te. Ya solo, ezalaki te ete azalaki na kobanda mpona bozangi elikya na ye na Nzambe to kondima.

Azalaki mpenza na makoki ya kobundisa bango soko eloko moko etambolaki malamu te, mpe azalaki na kondima ete akolonga na nguya na Nzambe. Kasi, alingaki te kozala na kokoso to eloko nini na bisika oyo. Tala ntina azalaki komeka kozwa nzela na bwanya mpe azwaki likanisi yakoloba ete Sara azalaki ndeko na ye ya mwasi. Yango ezalaki likanisi na mosuni te oyo eyotaka na solo te, kasi ezalaki makanisi na bomoto oyo ewutaka na bosuki na moto. Yango ekoki kobengama elembo na mosuni.

Soki Abalayama azalaka na molimo ya kokoka na tango wana, alingaki kozwa makanisi wan ate kasi alingaki komitika mobimba na maboko na Nzambe. Nde, Nzambe Andimelaka ye momekano mpo ete Abalayama akoka kotiela motema mpe komitika mobimba mpenza na maboko na Nzambe. Ezali ete Faloazaki mwasi na ye, Sara. Mpo ete Abalayama asi alobaki ete

Sara azalaka ndeko na ye ya mwasi, akokaki koloba eloko moko te epai na Falo soki komitungisa mpona ye.

Na likambo oyo, Nzambe Asalelaki ye. Nzambe Amemaki likama na Ndako na Falo, mpe Abalayama na nkamwa, azongelaki mwasi na ye. Ata liboso na likambo wana Abalayama atielaki Nzambe elikya, kasi na nzela na likambo oyo, amonaki mpenza nguya na Nzambe oyo ezanga suka.

Ya solo, Abalayama akutanaki na momekano mpo ete atielaki Nzambe motema te, mpe ezalaki mpe te mpona masumu na ye, nde Abalayama abungisaki eloko moko te. Kasi na nzela na momekano na komitungisa mingi mpona muasi na ye na ngonga moko, akokaki kozwa kondima ya kotia elikya mpe ya komitika na maboko na Nzambe malamu koleka.

Tika na pesa bino ndakisa. Toloba ete moto songolo azali kopesa mitindo na mozindo ata mpona misala oyo bangamba na ye basengelaki kosala. Azalikosala yango mpona lifuta na ye moko te to azali komeka kopesa pasi na basusu te. Alingi kaka kokokisa mokano na Nzambe mpe alingi basali bazwa lipamboli na kosalaka mosala malamu, nde azali kaka komeka kolakisa bango nzela malamu mpona kokokisa yango.

Kasi yango ekoki koyambama na lolenge ya kokesana mpenza epai na basali. Bakoki komona ete ezali kilo, to bakoki koyoka malamu te. Awa, mokolo akoki komonana lokola moto azali na etape ya misato kati na kondima, oyo azali kopesa pasi epai na basusu na bosembo na miso na ye moko na makanisi na ye mabe. Kasi moto na molimo azalaka na posa moko te ya kozwa nkembo, amitalisa, to akatela bato to atala moto mpamba. Moto na molimo basantisama solo mpe bazali na mabe te. Nalikambo oyo, mokolo azali kosala lokola moto na likolokaka na mposa na kosala mosala na Nzambe.

Kasi solki bakokani solo na motema na Nkolo, bakozwa inspiration malamu mpenza na Molimo Mosantu mpo ete bakoka koluka kimya na kokoka. Bongo, soki ezali na kotutisama moto pembeni na bino, bosengeli komikitisa mingi mpe bobandela na kotalalikambo. Bosengeli kotalakondima, motema, mpe lisusu bisika na basusu, mpe ata mosala esalemi malembe, bosengeli kokoka kondima yango, sokote kaka soki ezali mpenza lokuta. Soki okomikanisela kaka, "Nazali koloba na makanisi malamu, mpe yango ezali nzela mpoa mbano na bokonzi na Nzambe, kasi bakoki koyamba maloba na ngai te mpona mabe kati na bango, mpe bokoyoka kaka mawa mpona bango, yango ekomemela bino bokoli te.

Kati nab aye oyo bakota na molimo, ezali na baye oyo bakangamaka na ebandeli na etape ya minei kati na kondima, mpe tina yango oyo. Bakoti na molimo mpe bazali na mabe moko te. Bazali mpe na bosolo, mpe mpo ete bazali kaka koluka na bisika ete bazali malamu, bakoki te kososola mozindo na bolamu. Bongo, ata soki bokoti na etape ya minei kati na kondima mpe bozali na mabe te, bokozwa mimekano mindimami na Nzambe mpona kokomisa bosuki oyo yakokoka.

3. Kotondisa ba mbuma na molimo

Ata na sima na bino kokota etape ya minei kati na kondima mpe bobongisi sani ya petwa kati na motema, bosengeli kotondisa yango na makambo na molimo mpona kokoma ya kokoka. Elakisi nini 'kotondisa ba makambo na molimo'?

Na genese chapitre 13, tango Nzambe Apambolaki Abalayama, muana nkasi na Abalayama, Lota, mpe azwaki mapamboli na kofandaka na Abalayama. Kasi tango bitonga na Abalayama mpe ya Lota bikomaki ebele mingi na mapamboli na Nzambe, babateli mpate na Abalayama mpe ya Lota babandaki koswana mpona matiti mpe mai. Nde, Abalayama ayaki na eyano naliboso mpona kimya. Atikaki Lota apona mabele malamu na liboso, mpe Lota aponaki mabele malamu mpe akabwanaki na Abalayama.Na likambo oyo, soki Abalayama azalaki na etape ya misato kati na kondima, akokaki koyoka mabe mpona Lota.

Bongo, elingaki kozala nini mpona baye na etape ya minei kati na kondima? Bazali na koyoka motema pasi moko te. Bakoki komema eyano malamu, oyo ezali ya kokabwana, kasi bazali na motema pasi moko te to koyina kati na bango.

Mpona likambo na Abalayama, wuta azalaki mokolo, akokaki koloba na Lota mpona mabele nini kozwa na kolobaka ete, "Epusi malamu tokabwana mpona koluka kimya. Na poni kokende na loboko oyo,nde yo zwa loboko wana." Kasi wuta azalaki moto oyo asi akotaki na molimo, alingaki koluka lifuti na ye moko te ata soki aponaki mabele ye moko. Kasi Abalayama asalelaki Lota na motemakutu malamu koleka.

"Mokili mobimba ezali liboso na yo te? Bongo kabwana na ngai. Soko okokenda na loboko na mwasi, ngai nakokenda na loboko na mobali" (genese 13:9) Na tango azali kolakisa nzela na kimya, Abalayama atikaki Lota apona moto na yambo mpona mabele malamu. Na kotalaka likambo oyo, tokoki komona ete

Abalayama asi azalaka nab a mbuma mingi na molimo oyo mikolaki kati na motemana ye. Afandaki kaka na bisika oyo azalaki lisusu na motema psi te, kasi azalaki na motema ya kofuta mabe na bolamu.

Ata na etape ya minei, na lolenge oyo moto atondisami na mingi na mbuma na molimo,maloba na misala ma ye mikoki kosimbama mpe malamu. Tango ba mbuma mibotami na %50, 80%, mpe suka suka 100%, motema na ye ekotondisama mpenza na solo, yango elakisi ete azali na motema ya molimo na kokoka. Lisusu, na lolenge oyo atondisi motema na ye na solo, akokikopona nzela oyo ekosepelisa Nzambe mingi na likambo epai wapi asengeli kopona.

Soki kopona ezali malamu mpe yango etelemeli solo ten a likambo songolo, ba oyo na ebandeli na etape ya minei kati na kondima bakoki kopona nini baling na kopesaka likanisi moko na yango te. Kasi na lolenge bazali kobota mbuma ebele, bakososola motema na Nzambe na mozindo. Bakopona nini esepelisaka Nzambe mbe oyo ezali kosepelisa bango mpe bakosalela yango. Kolandana na lolenge nini moto atondisi motema na ye na bioko na molmio na etape ya minei kati na kondima, akopusana na bisika oyo azali kaka na mabe moko te, na bisika akolisi bolamu yakokoka.

Ya solo, ata na ebandeli ya etape ya minei kati na kondima, bato bazalaka na bolamu ya kokesana nab a lolenge ya kokesana. Basusu bazalaka na bolingo na bomoto mingi na tango basusu bazalaka na ba mbuma mingi ya komikaba mbeka, kosalela, mpe bosembo. Nde, tokokoka te koloba ete moto azali na etape ya mitano kati na kondima kaka mpo akolisi mingi moke na ba mbuma, to mpo kaka azali kosala lokola moto na molimo ya kokoka na tango na tango.

Tala tina baleka na ba nzela na mimekano mpona komibongola ata na etape ya minei kati na kondima mpo ete bakokana na Nkolo na makambo nioso. Tokoki koloba moto azali ya molimo ekoka kaka tango abimisi ba mbuma mingi ya lolenge nioso ya solo lokola ba mbuma na bolingo na 1 Bakolinti 13, ba beatitudes, ba mbuma libwa ya Molimo Mosantu, ba mbuma ya pole, mpe ba mbuma ya solo.

Tosengeli kozala na etape ya minei kati na kondima to likolo mpona kokabola bolingo ya solo na Nzambe

Nzambe ya bolingo Apesa bana na Ye ngolu monene ya

Lobiko. Apesa bomoi na seko na milimo oyo misengelaki kokweya na lifelo, mpe Atika bango bakende na bokonzi na Lola. Lisusu, na tango na bomoi na bango kati na mokili oyo, soki bana na Ye basengi kaka na kondima na molimo, Nzambe Ayanolaka nini nini bakosenga (Matai 8:13).

Kasi mpona nini ezali na bato bazwa eyano moko te ata siki basengaka na molende? Ezali mpo ete bazali na elembo na kondima oyo Nzambe Andimaka te. Epimeli na bitape kati na kondima ezali soki tokobatela to te Liloba na Nzambe na bosembo mpe na lolenge nini tolongoli masumu na mabe na mitema na biso. Na lolenge tokokani mingi na Nzambe, etape kati na kondima ekokola, mpe na lolenge tokozalana etape kati na kondima monene, tokoki kozwa mpe kosepela mapamboli na koleka.

Ata soki bozali bana na Nzambe ba oyo bayamba Molimo Mosantu na Lobiko, soki kondima na bino efandi na bisika moko to ezongi sima, ezali pasi mingi mpona komona misala na Nzambe. Bongo, soki bozali na etape ya liboso kati na kondima, na kozwaka lobiko, bosengeli noki noki koyoka Liloba na Nzambe mpe kosalela yango mpona kokende na etape ya mibale mpe ya misato kati na kondima.

Kaka tango bobiki kati na Liloba na Nzambe mpenza, oyo elakisi kaka tango bokoti kati na etape ya minei to likolo, nde bokokoka kokabola bolingo ya solo na Nzambe mpe bokozwa nioso bokosenga kati na mabondeli lokola bana ya solo na Nzambe. Soki suka suka bokomi na etape ya mitano kati na kondima, Nzambe Akoyanola ba mposa kati na mitema ata liboso na bino kosenga. Bongo, bokokoka komona misala na Nzambe na makambo nioso, mpe bokopesa nkembo epai na Ye soko bokolia to komela to na nioso bokosala.

4. Mimekano liboso na kokota na etape ya mitano kati na kondima

Bato oyo bakota na etape ya minei kati na kondima bazali ba oyo balongola masumu na mabe nioso kati na mitema na bango mpe bazali na ba sani mipetolama. Kasi tokoki te koloba ete bakoka, kaka na kozalaka na sani ya kopetolama. Basengeli kaka kotikala na bisika ya kozala na masumu te kati na mitema na bango, kasi mitema na bango misengeli kotondisama mpenza na bolamu. Na basani ya petwa, biloko na molimo misengeli kotondisama. Mingi, basengeli kobota makabo na molimo mingi. Kaka wana nde bilembo na bango ya mosuni mikolimwa mpe bakokoma bato na molimo ekoka ba oyo bakokani mpenza na Nzambe. Misala na bango na bilembo na bango mikokoma lokola oyo ya Nkolo mpo ete balakisa ngolu na bolamu epai na bato pembeni na bango. Bakososola oyo esepelisaka Nzambe mingi mpe bakosalela yango..

Baefese 4:13 elobi ete, "Kino ekokoma biso nyoso na bomoko na kondima mpe na boyebi na muana na Nzambe, na mobali mobimba, na epimelo na monene na litondi na Kristo." Eteni 15 elobi ete, "...Kasi awa ekolobaka biso na sembo kati na bolingo, tokola na makambo nioso epai na Ye oyo Azali Moto, Ye Kristu,"

Mpona kokola na makambo nioso na epimelo na monene etondi na Kristo, ata moto na molmio asengeli koleka na mimekano. Mimekano nini mipesamaka na baton a molimo mpona kotika bango kokota na etape ya mitano kati na kondima?

Na etape ya misato to na nse, moyini zabolo na Satana bakoki komema mafundi na bana na Nzambe mpona mabe na masumu na bango. Nde, Nzambe akotika bango bakende kati na mimekano na satana. Kasi kobanda etape ya minei te likolo, Nzambe Atikaka satana amema mimekano te, ata soki bana na

Ye basengeli koleka na kobongisama. Nzambe akobongisa nbango Ye moko, mpo ete bilembo na bango ya mosuni elongwa mpe batondisama nab a mbuma ya kokoka.

Ndakisa, Job abangaki Nzambe mpe azalaka moto na sembo. Kasi elakisaki te ete alongolaki mabe nioso kati na motema na ye. Azalaki na eteni ya suka ya eteni ya misato kati na kondima, mpe abatelaki mobeko na Nzambe na, molende, na lolenge ayebaka yango. Kasi na nse na motema na ye, azalaka tango nioso kobanga Nzambe. Azalaka tango nioso kobanga ete likama to pasi kowuta na Nzambe ekweila ye. Azalaka komitungisa mpo ete asosolaka motema na Nzambe Tata te, mpe mpo ete akokaka kososola mpenza bolingo na Nzambe Tata te.

1 Yoane 4:18 elobi ete, "Nsomo ezalaka kati na bolingo te, kasi bolingo oyo esili kokoka ekobwakaka nsomo libanda, mpo ete nsomoezali na etumbu. Ye oyo ezali kobanga asili naino kokoka kati na bolingo te."

Kaka na kozala nab a nsomo wana eyebisi biso ete azalaka na bolingo na kokoka te, ete akokisaka motema na molimo te. Nde, na tango Yobo azawka momekano, Satana amemaka kofunda na ye liboso na Nzambe, mpe Nzambe Andimaka kofunda, nde momekano na Yobo ebandaki. Abungisaki bozwi monene mpe bana na ye nioso na mokolo moko. Azalaki na mavimba ya pasi na moto nzoto na ye mobimba mpe muasi na ye alakelaka ye mabe mpe atikaka ye.

Na ebandeli, emonanaka lokola azalaka kokanga motema malamu na kobatelaka bosembo na ye liboso na Nzambe. Kasi na lolenge pasi na mimekano ekobaka, elekaka bisika naye kokanga motema, mabe ebatamaka kati na ye ebandaka na kotalisama. Moko moko na lolenge na ye na mabe ebimisamaka na bibebo na ye. Ayimaki yimaki mpona baboti na ye ba oyo babotaka ye, mpe alakelaka mokili oyo ekelamaka na Nzambe.

Suka suka, ayaka koloba maloba oyo etelemelaka Nzambe nakolobaka ete, "Nasali eloko moko ya mabe te, kasi Nzambe Apesi ngai likama oyo. Nzambe Azali sembo te." Mpe na kotalaka baninga na ye na nse, alobelaki bango mabe bango oyo bazalaki kolobana na ye. Na makambo etali misala, azalaki mpenza sembo, kasi mpo ete azalaka na mabe na nse na motema na ye oyo asosolaka te, Satana afundaka ye na mabe wana mpe akokaki komemela ye makambo na makama.

Ya solo, ezali te ete bandimi bakomonana na pasi mpo kaka bazali na mabe kati na bango. Ata soki balongoli masumu nioso na mabe kati na mitema na bango, na lolenge bazali kobika Liloba, bakokutana na makama te.

Kasi likambo na Yobo ezali na bokeseni. Asalaka masumu na misala te, mpe asalaka bolamu mingi na kotielaka Nzambe motema. Nde, Nzambe Akokaki kaka koboya mafundi na Satana.Kasi Nzambe Andimaki kofunda na Satana esalema mpo ete aAlingaki Yobo asosola mabe kati na ye mpe akomisa ye yakokoka. Na lolenge Yobo asosolaka mabe na ye o nzela na mimekano, atubelaki mpenza mpe alongolaka mabe ma ye o nse na motema na ye. Na suka, Nzambe Apesaka ye mbala mibale koleka mapamboli oyo azalaka na yango.

Bokeseni kati na mimekano epesamaka na ba oyo na etape ya misato na ba oyo na etape ya minei kati na kondima

Yobo azalaka na etape ya misato kati na kondima, mpe akotaki na momekano o nse na nguya na Satana. Nde ezali ya kokesana na mimekano nab a oyo bazali na etape ya minei, oyo ekambami na Nzambe Ye moko. Mpifo na moyini zabolo na Satana ezali nguya na molili, nde bakoki kosalela yango epai na bato kaka soki bato bazali na masumu na mabe. Satana akoki komema makama moko te to bokono epai na baton a molimo ba oyo basi bakoti na etape ya minei, mpo ete bazali na masumu mpe mabe moko te. Tango mosusu, mimekano mpona ba oyo na etape ya minei emonanaka lokola ekokani na oyo na bato na etape ya misato, kasi nzela na lifuti na yango ekesanaka mpenza.

Ndakisa, na likambo etali Yosefe, Nzambe Azalaka na Ye na tango nioso ata kati na mimekano na ye, mpe bato pene pene na ye bakokaki koyoka yango. Nzambe Abatelaki ye na miso na ye mpe Abongolaki motema na ye. Na tango moko, Nzambe Andimaki ete azala na makoki ekoka mpona kokoma minister way ambo na Ejipito.

Atekamaka lokola moumbo, kasi azwaka bondimi na nkolo na ye, mpe azalaka na bokonzi na biloko nioso kati na ndako na ye. Afundamaka na likambo ayebaka te mpe atiamaka kati na boloko, kasi ata kuna, azwaka boyebi mpe makoki na kokonza mboka mobimba na bokutani azalaka n'ango na bai politiki bakangemi.

Nzambe Andimaka mimekano mina misalami kati na bomoi na Yosefe mpona kokomisa sani na motema na ye monene. Ezalaka te mpo ete Yosefe azangaka kondima to mpo ete asalaka masumu. Moyini zabolo na Satana bakokaki te komema bokono to makama likolo na ye.

Mpona bososoli malamu kati na etape na misato na oyo ya minei na pete, tika biso totala ndakisa na Dawidi. Liboso na Dawidi kokota na molimo, asalaki lisumu. Mpona kobomba mbeba na ye, atikaka moto na Nzambe na nkombo na Uri abomama na maboko na bapaya. Mpona yango, moyini, Satana amemaki mimekano likolo na Dawidi mpe na sima akutanaki na mimekano minene.

Muana na ye, oyo abotamaka na barsheba, akufaki. Muana mosusu Absaloma atombokelaka ye nde esengelaki na ye kokima mpona kobikisa bomoi na ye mpe azalaka tango nioso na likama na kufa. Ya solo, Dawidi asi atubelaka tango mosakoli apamelaka ye, kasi mpona mabe asalaki, asengelaka kokende o nzela na mimekano na apsi mpona kofundama na Satana.

Na nzela na kimekano oyo, Dawidi akokaki komikitisa mingi koleka mpe ayaka kozala ata na motema malamu koleka liboso na Nzambe. Kasi sima na tango molayi, Nzambe andimaka momekano mosusu likolo na Dawidi, oyo azalaka kati na molimo. Dawidi azalaka na kopelapela kati na motema na ye mpe asalaka resencement. Tina na yango ezalaka mpona kotanga ba soda baye bakokaki kobunda etumba. Ezalaki pembeni na kotiela bato elikya, kasi na Nzambe ten a kosalaka yango. Akokaki kaka kotiela Nzambe elikya, kasi akobaki na yango ata soki Nzambe asengaki ye asala yango te.

Sima na Dawidi kososola mbeba na ye, atubelaki mbala moko, kasi ememelaki ye mpe momekano monene. Mboka mobimba ebetamaka na likama monene, mpe bato 70000 bakufaki na tango mokuse. Bato misusu bakokaki kokanisa ete Nzambe Apesaki bango etumbu likolo na lolendo na Dawidi kaka. Kasi, solo, ezalaki likambo moko oyo mokonzi akokaki kosala tango nioso, mpe Dawidi azalaka ata na likanisi moko ya mabe te na kosalaka bongo.

Oyo ezali 'bilembo ya mosuni', oyo mikoki kotikala ata tango moto abulisami.. Nde, Nzambe Andimaki momekano likolo na Dawidi mpona kotika ye alongola ata elembo oyo ya nzoto mpe akomisa ye yakokoka. Kasi tina na yambo mpona makama kokwela bato ezali mpo ete bamemaki nkanda na Nzambe na kosalaka masumu.

Eteni oyo ezali kotalisa likambo yango, ezali 2 Samuele 24:1 nakoloba ete, "Nkanda na Yawe epelaki epai na Yisalele mpe

Alobisaki Dawidi mpona bango ete, 'Kenda kotanga motuya na Yisalele mpe Yuda.'" Etalisi naino ete Nzambe Azalaki na nkanda na Yisalele.

Dawidi asengelaki komilele mingi na komonaka ebele na bato kokufa mpe mpona makambo asalaki, mpe asosolaki solo na nini azangaki mpe alongwaki na yango. Na lolenge oyo, Nzambe abongisaki Dawidi na kopesaka bato etumbu mpona masumu na bango na ngonga moko. Lisusu, ezali te ete bato malamu ba oyo bakokaki kobika bazwaki etumbu. Kaka ba oyo bazalaki malamu ten a miso na Nzambe bapesamaki etumbu na bokono.

Nde, ata soki mimekano miyelaki Dawidi, ezalaki te ete Satana nde amemaki makama mpe mabaku mabe epai na ye. Lisusu, sima na makambo oyo Nzambe Andimaki mbeka na Dawidi mpona kokata likama likolo na Yisalele. Atalisaki ete asi andimaka Dawidi mpe Azalaki na ye. Lolenge moko, mimekano mpona bato na molimo ekopesama na maboko na Satan ate, kasi Nzambe ye moko atambwisaka yango mpe asalaka na yango.

Ya solo, Satana lokola nkosi konganga amekaka tango nioso kozwa bisika na kofunda ata baton a molimo ba oyo babulisama.

Nde, tango mosusu, Satana atindikaka bato mabe mpona komemela bato na molimo pasi.. Ekoki komonana lokola moto na molimo akutani na makama na lolenge wana. Kasi soki botali lifuti, bokoka na pete komona ete makama mandimamaki mpe makambamaki na Nzambe Ye moko. Suka suka, Nzambe Asalaka mpona bolamu na nioso, mpe bakozwa solo mapamboli na sima.

Kolandana na makambo ya lolenge nini tokotiaka kati na mitema na biso, tokoka soko kokokisa motema ya molimo na lombangu, to tokoki kosala yango malembe. Bongo, tosengeli kotala na maloba na misala na biso moko, nakokanisaka likolo na lolenge nini tokoki kokolisa motema na Nzambe mpe lolenge kani Yesu Akokaki kosala na likambo na lolenge moko. Na lolenge tokomibongolaka na boye, na elikya mpona solo, tokokoka kokoma mbuma kitoko na molimo ekoka.

ed
Etape ya mitano kati na kondima

"Balingami, soko mitema na biso mikokweisaka biso te, tozali na molende liboso na Nzambe; mpo soko tokosenga eloko nini, tokozwa yango epai na Ye, mpo ete tokokokisa malako na Ye mpe tokosalaka makambo mazali malamu na miso na Ye (1 Yoane 3:21-22)."

Na lolenge etape na biso kati na kondima ekokoba na kokola, tokozwa mingi, mapamboli mingi maye makomama kati na Biblia. Na etape ya minei kati na kondima bokolingaka Nzambe yambo mpe kolela nioso na likolo koleka. Bokoki kopesa nioso bozali na yango epai na Nzambe. Lisusu, mpo ete bolingi Nzambe, bozali kobatela mibeko ma Ye nioso mpe bokotosa Ye, ata soki bokutani na minyoko to kobomama.

Masese 8:17 elobi ete, "Nalingani na bango baoyo baling Ngai; baoyo balukaka Ngai bakomona Ngai," tango bolingi Nzambe na etape na koleka, Nzambe mpe Akolinga bino na etape na kolekampe lokola, mpe Akotalisa bino elembo ete azali na bino.

1. Kondima oyo esepelisaka Nzambe

Sik'awa, soki boleki etape ya minei mpe bokomi na oyo ya mitano kati na kondima, monene na bolingo ekokesana. Bokolinga mpe bokotosa kaka mibeko te, kasi bokoya na kososola mpe kotosa motema na Nzambe, nde bokosepelisa Nzambe. Tala tina tolobaka ete etape ya mitano kati na kondima ezali etape ya kondima na kosepelisa Nzambe.

Kondima ya lolenge nini ezali oyo esepelisaka Nzambe?

Baboti mingi na bana na bango balobaka ete balinganaka,

kasi ezalaka na bana mingi te oyo batosaka baboti na bango na 1oo%. Batosaka maloba misusu na baboti na bango tango mosusu bakotosaka te. Na tango, bakotosaka kaka te, kasi batombokelakababoti na bango mpe bakobungaka nzela. Ezalaka na bana misusu oyo batosaka oyo baboti na bango balobaka ata soki balingaka mpenza te, mpo ete bamonaka ete ezali misala na bana.

Bana oyo bazalaka na bolamu na koleka bakotosaka baboti na bango mpona komibatela na koyokisa motema na baboti na bango pasi. Batosaka niso, mpo ete bapesa comfortna baboti na bango.

Kasi soki bolingo na bana ezali ata monene koleka wana, bakosososla posa na baboti na bango tango baboti na bango bayebisi bango likambo, nde bakokokisa mingi koleka oyo baboti na bango balingaki na ebandeli. Lisusu, soki baboti balobelaki yango te, bakosala eloko lokola baboti bakolingaka koleka.

Ya solo, baboti balingaka bana nioso. Kasi kati na bana mingi, soki muana moko alingaka baboti na ye mingi mpe akotosaka mpe amikitisaka na motema na ye, baboti na ye bakolinga ye mingi koleka. Lisusu, soki akokani na bizaleli malamu na baboti na ye, asosoli makambo na mozindo kati na motema na ye, mpe akosala makambo nioso lolenge baboti na ye balingaka mingi, lolenge nini baboti na ye bakosepela na ye?

Ezali lolenge moko na Nzambe. Soki muana moko azali kotosa mibeko kati na Biblia miye miyebisaka biso tosala, tosala te, tobatela to tolongola makambo misusu, Nzambe Akolinga muana oyo na etape likolo koleka. Lisusu, soki azali kaka kotosa mibeko nioso te kasi azali mpe kososola motema mpe posa na Nzambe mpe akosala makambo lolenge Nzambe Alingelaka, ndenge nini Nzambe Akosepela na muana oyo?

Kasi baye bazali na etape ya mitano kati na kondima balakisaka misala na bango mpona ngonga moko te to balakisaka bolingo na bango mpona Nzambe na tango moko te. Babikaka ngonga moko na moko na bomoi na bango, ngonga 24 na mokolo, kaka mpona kosepelisa Nzambe mpe kosalela milimo ata na kolukaka kosepelisa ba posa na bango moko te. Bomoi na lolenge wana embongwanaka te ata na sima nab a mbula 10 to ata ba mbula 100, Yango ezali etape ya mitano kati na kondima. Bisika bolingo wana embongwana, yango ekokoma kaka monene.

Soki bolingaki mpe bosalelaki baboti na bino na mitema na bino nioso mpe na solo ata liboso na bino koyamba Nkolo, bokosala lolenge moko tango bokosalela Nzambe na kondima. Baboti na biso babota kaka ba nzoto na biso, mpe bozali kokoba na kosalela bango na mitema mibimba. Mpe Nzambe na biso Azali Tata na milimo na biso Abota milimo na biso. Mingi mingi, soki bososola ete Nzambe Apesa bino muana na ye se moko na likinda na tango bozalaka naino basumuki, lolenge kani bokolinga Nzambe te?

Bolingo ya mosuni ezalaka na kokoka te ata monene nini yango ezali. Na likambo ya makasi koleka, ekoki kombongwana. Kaka bolingo kati na baboti na bana te, kasi ata bolingo kati na bandeko mibali mpe bandeko basi, mibali na basi, na baninga mizalaka lolenge moko. Nabotamaka lokola muana suka kati na na bana motoba mpe nalingamaka mingi na baboti na ngai. Nalingaka mpe baboti na ngai mingi koleka mpe lokola, nazalaka komeka kosepelisa bango. Nabanzaka ete nakabolaka bolingo mingi na bango, koleka baboti na bana misusu, kasi tango bakutanaka na likambo elekelaka moto, ata bolingo wana embongwanaka.

Tango na zalaka na mbeto na ngai na mobeli, liboso na ngai nandimela Nzambe, nakokaki te kokokisa mosala na ngai lokola mobali to tata. Nazalaka kilo mpona libota na ngai mpe bandeko na ngai mpo ete nasengelaki kosalela misolo ebele mpona ba kisi na ngai. Nakokaka te kokokisa mosala na ngai ya kozala muana mobali epai na baboti na ngai te mpe lokola. Ba bokono mikomaki kaka mabe koleka mpe ezalaki na nzela na kozongela te. Nde, baninga na ngai, bandeko, mpe bato nioso baye balingaka ngai babandaka kobalolela ngai bilongi na bango.

Baboti na ngai mpe bamekaka maye basengeli mpona kobikisa bokono na ngai, kasi na suka, batikaki mpe lokola. Mama na ngai ayaka epai na ngai mokolo moko nazalaka kolala o mbeto na ngai ya mobeli. Komonaka ye kolela mpe koyebisa ngai ete, "Ezali mosala nay o lokola muana na ngai kokufa sik'awa," Nasosolaka malamu nini bolingo na mosuni ezalaka.

Kasi bolingo na Nzambe ekesana. Nazalaka na eloko moko te yakopesa Ye, kasi Alingaka ngai mpona eloko moko te. Ayaka epai na ngai ya yambo mpe Abikisaka malady na ngai nioso, mpe bolingo na Ye embongwana te. Ata likambo yango ezalaka mabe mingi, Ayanolaka ngai tango nabelelaka Ye; Apesa ngai kaka makambo malamu mpe Akutana na ngai tango nalukaka Ye.

Nalingaka baboti na ngai na motema na ngai mobimba, wuta nakutana na tata Nzambe, lolenge nini nalinga Ye? Solo nalingaka ye na motema na ngai mobimba, makanisi, molema, makasi, bwanya, mpe bomoi na ngai. Na yokaka mpe nayekolaka liloba na Nzambe na molende mpona kosepelisa Nzambe kaka Nzambe. Namekaka oyo esengeli mpona kotosa Liloba na Ye. Bongo, na sima na ngai kondimela Nkolo, nakokaka kokota na etape ya minei mpe ya mitano noki noki.

2. Lolenge na etape ya mitano kati na kondima

Bolingo oyo bozali kokabola na Nzambe na sima na kokota na etape ya mitano kati na kondima ekoki te kolimbolama na maloba. Mpo ete bozwi mapamboli mingi ya molimo mpe na biloko, bosepeli. Kasi likambo ya esengo koleka ezali ete bozali tango yiso na lisolo na Nzambe mpe bozali kokabola bolingo na mozindo na Ye. Baton a mokili, tango bazalaka na tango na esengo mingi, balikyaka ete tango yango ekowumela seko. Kasi esengo na emotion ya mokili oyo ekolimya kala te, ata malamu mingi yango ezali. Kasi mpona baye oyo bakoti na molimo ya kokoka, mitema na bango mitondisamaka tango nioso na esengo ya koleka na kosepela koleka esengo nioso bokoki kozwa kati na mokili oyo.

Tango bazali bango moko, tango bakotambolaka, tango bakutanaka na bato misusu, to tango bakomona to bakoyoka likambo, mitema na bango mikotondisama na bolingo mpona Tata, mpe bakoyoka bolingo na Tata na makambo nioso. Lisusu, Nzambe Akolinga bango mingi mpenza nde bozali na bango kaka ekozala esngo mpona Ye. Soko bokolala to bokolamuka, soko bokofanda to bokotelema, nini bokoloba to oyo bokosalaka, makambo nioso makokoma kitoko na miso na Nzambe mpe ekokoma kosepela na Ye. Makanisi na bino nioso na misala mikozala ya kosepelisa na miso na Nzambe, wana nde makambo na bino nioso makokoma esengo na epai na Nzambe. Tina oyo Nzambe Akelaka bato ezalaka mpona kozwa bana ya lolenge oyo.

Kozala na makoki ya kopesa bomoi mpona botosi na mokano na Nzambe

Etape ya mitano ezali kondima oyo esepelisaka Nzambe.

Boleki etape ya kolinga Nzambe likolo na nioso, sik'awa bososoli mozindo na motema na Nzambe mpe mokano mpe bokosala kolandana na yango. Ata soki Nzambe Asengi na bino bosala eloko ekoki ten a lolenge na bato, kaka soki ezali mokano na Nzambe, bokoloba kaka Iyo na Amen, mpe kotosa ata na kopesa bomoi na bino mpona Nzambe. Ya solo, soki bozali kaka na etape ya minei kati na kondima, bokoki kopesa bomoi na bino mpona Nzambe, kasi bozali kososola motema na Nzambe na mozindo lokola bate na etape kati na kondima te.

Totala likambo bisika wapi mama ayebisi muana na ye 'apetola ndako' tango abimi na tongo. Bana bakeseni bakosala moto na lolenge na ye. Bana misusu bakolinga kobima mpe kosakana, nde bakosukola kaka ndako bongo.. Basusu bakopetola ndako na motena na esengo mpo ete bakoki kosalisa ba mama na bango wa bolingo.

Bana oyo bazali kutu na bolamu ya koleka bakomeka kotala likambo na lolenge mama alingi na kokanisa ete, "Akozala ya kolemba tango akowuta mosala. Nini lisusu nakokoka kosalela ye?" Bongo, bakosukola kaka ndako te, kasi bakosala mpe makambo misusu lokola. Tango baboti bakotalaka bana ya lolenge oyo, bakolinga kaka bango te kasi bakopesa matodi mpona bana na bango baye babongi na kokumisama, mpe bakoka kosepela mpona bango.

Ezali lolenge moko na boyokani na Nzambe. Na etape ya

minei kati na kondima, mpo ete bozali na mabe kati na mitema na bino te mpe bolingi Nzambe mingi, bokotosa eloko nioso oyo Nzambe Apeseli bino mitindo. Kasi motema na bino naino ekoli te mpona kososola mozindo na motema na Tata mpe kotosa Ye. Kasi na loboko mosusu, na etape ya mitano, bokotosa kaka te, kasi bokososola motema na mokano na Nzambe mpona na tina nini Azali kopesa mitido na boye, nde bokoki kotosa koleka na kaka oyo Nzambe Azali kozela.

Yesu azali muana Azanga masumu na Nzambe mpe Asengelaki te kobakama na ekulusu. Kasi Atosaki na mposa mokano na Nzambe mpe abakamaki na ekulusu. Awa, Yesu atosaka kaka te mpona mozindo na bolingo na ye mpona Nzambe.

Yesu Atosaka kaka na misala te kasi asosolaka mozindo na motema na mokano na Nzambe Tata mpe Atosaka Nzambe, nakozalaka na motema na Nzambe Tata. Mpo ete Akokaki koyoka na mozindo bolingo na Nzambe mpona milimo mizali kokufa, Yesu Azalaka na bolingo ya lolenge moko na Tata mpe Akokisaka mokano na Nzambe na bomoi na Ye mobimba.

Ata na koleka na pasi makasi boye na ekulusu, Yesu Akanisaka likambo na Ye te nakolobaka ete, "Ezali mpenza pasi." Azalaka na mawa na milimo miye mizalaki kokende o nzela na kufa mpe kutu Abondelaka mpona ba oyo bazalaka kobaka Ye o ekulusu.

Lisusu, Yesu Akanisaka mpona motema na Nzambe oyo mpotema ekozoka mpona minyoko oyo Ye Azalaki komona. Tala tina Yesu Apesakamatondi mpona milimo mingi baye bakobikisama mpe nkembo oyo Tata Akozwa, Kino tango Apemaki mpema na Ye ya suka na ekulusu. Boni kosimbama mpe koningisama motema na Nzambe esengelaki kozala tango Amonaki Yesu oyo!

Bafilipi :9-11 elobi ete,"Yango wana Nzambe Anetoli Ye mingi mpe Apesi Ye nkombo koleka nkombo mosusu nioso, ete na nkombo na Yesu mabolongo nioso mafukama, yango na likolo mpe yango na mokili, mpe yango na nse na mokili,, ete bibebo nioso mitatola ete YESU CHRISTU YE NKOLO mpona nkembo na Nzambe Tata.

Nzambe Tata Alingi bino na ngai tosososla motema na Ye na mozindo mpe totosa mpenza. Kasi mpona kozala na botosi ya lolenge oyo, tokoki te kaka kosala yango na mposa na kosala yango. Lolenge ekomama na Bafilipi:5, "Bokanisa kati na bino oyo ekanisaki Christu Yesu," Kaka na sima na kozala na bolingo mpe bolamu na Yesu nde tokokoka kotosa mpenza lokola Yesu Atosaka.

Kotondisama mpenza na ba mbuma na molimo na 100%

Etape ya mitano kati na kondima ezali bisika sani ya petwa

etondisami mpenza nab a mbuma yakokoka na molimo. Na etape ya minei kati na kondima, bolongoli masumu ya lolenge nioso na mabe mpe bozali na sani epetolama, nde bokoki kotosa Liloba na Nzambe Tata. Kasi bokoki mpenza kososola motema na Nzambe na lolenge bozali kobota ba mbuma ya molimo kati na bino.

Toloba ete ezali na moto ya molimo oyo amemi pembeni na % 100 na mbuma na 'bosembo', kasi azali kaka na 40% na mbuma na 'komikamba'. Nde, tango Nzambe Akopesa motindo, Akoki kosepelisa motema na Tata Nzambe na kosalaka makasi mpe koleka wana esengamaki na ye kosala. Kasi akoki kaka kososola 40% na motema na Nzambe na makambo mitali komikamba, mpo ete % 40 kaka nde ye akokisi na komikamba.

Na lolenge wana, Akoki kosepelisa Nzambe mingi mpenza te. Bongo, kaka soki bokoti na etape ya mitano kati na kondima mpe bomemi ba mbuma nioso na molimo na 100%, nde bokoki kososola mpe koyeba mozindo na motema na Nzambe Tata mpe kotosa na lolenge yakokoka.

Mpona kososola bokeseni na kokolisa makabo na molimo, soki bokobanza ebele na ba mbuma na vigno, ekozala mwa pasi te. Yambo, bisika oyo fololo na yango ikokweya, eloko lokola nkona moke ekobima, kotalisa biso elembo ete mbuma ekobotama wana. Yango ekokani na etape ya misato kati na kondima.

Na lolenge basumuki bakolongola masumu kati na mitema na bango, bazali na ebandeli na bilembo na kobota ba mbuma na Molimo Mosantu, ata soki mizali mike. Nde, lolenge tango na moi makasi ekoleka, ba mbuma na vigno mikokola minene koleka mpe mikokoma na langi moindo koleka na motane.

Kasi soki ezali nab a mbuma100, nioso nab a mbuma 100 mitelaka te na lolenge moko, wuta monene mpe langi mizali mpenza lolenge moko te. Ba mbuma ata na liboke moke, mizalaka na bokeseni na kokola, kotela mpe minene mikesana.

Ezalaka nab a mbuma misusu na langi ya pondu, tango ba mbuma misusu mizalaka na langi motane pena na moindo mpe minene. Lolenge moko, ata soki tozali kobota ba mbuma moko na Molimo Mosantu, ba mbuma misusu miteli koleka tango misusu naino mpenza te. Yango ezali etape ya mitano kati na kondima. Tango mosusu mbuma na bolingo esi ekomeli tango mbuma na komikamba ezali naino ya kokomela te, to mbuma na bosembo ezali monene tango mbuma na boboto ezali moke.

Na koleka na mikolo, bikolonga mipepe makasi mpe mikozwa moi mingi mpona kokomelisa ba mbuma moko na moko. Nde, libike ekotondisama nab a mbuma mikomela malamu, mpe na motane. Na lolenge oyo, soki ba mbuma nioso na Molimo Mosantu mibotami na %100, suka suka bokokota na etape ya mitano kati na kondima. Bato ya lolenge oyo bakozala na bokoki na makambo nioso.

Bozali na kopelapela mpona Nkolo, kasi bozali mpe na makoki ya komikamba bino moko mpona kosala to kotelemisa likambo na ngonga oyo esengeli. Bokozala na boboto mpe kimia lokola cotton, kasi lisusu, bozali na posa makasi mpe bokonzi yakokoka. Bozali na bolingo ya koluka lifuti na baninga na tango nioso mpe kopesa ata bomoi na bino, kasi bozali kaka kotosa bosembo na Nzambe.

Bozali kosalela makanisi na bato te kasi bokoyoka mongongo mpe bokozwa kotambolisama na Molimo Mosantu na100%. Bozali kososola malamu mokano na Nzambe mpe bokotosa yango. Na makambo nioso, bokokani na motema na Tata Nzambe. Bato oyo bazali bana na Nzambe ya solo ba oyo bakomi na bisika na Christu.

Kosososla mozindo na motema na Nzambe lokola Abalayama

Tika totala bokeseni kati na etape ya minei na etape ya mitano o nzela na ndakisa na Abalayama. Ata na kobanda na tango Nzambe Abengaka ye nay ambo, Abalayama Atosaka kaka na 'iyo' na 'Amen'. Tango Nzambe Apesaki ye mitindo ya kolongwa na mboka na ye mpe kokende na mabele oyo Nzambe Akotalisa ye, Abalayama alongwaki na komituna ten a koyebaka ata bisika yango te.

Abalayama atielaki Nzambe motema mpe azalaki na kondima

ya kotosa na motema na ye. Kasi elakisi te ete asosolaki mozindo na motemana Nzambe. Lokola alongwaki mboka na ye mpe akotaki na tango ya komipetola, ayaki na kozala na lisanga makasi na Nzambe, mpe ayaka kososola motema na mokano na Nzambe malamu koleka. Bongo, ata tango akutanaki na momekano monene oyo ezalaki pasi mingi mpona moto koleka, asepelisaka Nzambe na misala malamu mingi na kondima.

Momekano ezalaki yakopesa muana na ye se moko, Yisaka, lokola mbeka yakotumba liboso na Nzambe. Motindo oyo ekokaki kotosama te soki asalelaka makanisi na ye ya mosuni. Abalayama azalaka na muana na Sara te mpona ba tango molayi mpenza kaka na mbula 100 nde awaka muana oyo, Yisaka azalaka muana ya motuya mingi epai na Abalayama. Nde sik'awa asengelaki kokata muana na ye bitebi biteni lokola niama mpe kotumba ye.

Lisusu, Yisaka azalaka nkona na elaka na Nzambe. Awa, ata soki bozali na mua kondima mingi kati na bino bokokanisa ete, "Nakoki te koboma muana na ngai na maboko na ngai moko." Lisusu, bokoki kozala na tembe na kokanisaka ete, "Nzambe Alakaka ngai ete bakitani na ngai bakoya na nzela na Yisaka, mpe pona nini sik'awa Azali koyebisa ngai ete naboma ye?"

Kasi nakolekaka momekano na pete, Abalayama akotaka na etape ya mitano kati na kondima. Atosaka kaka oyo Nzambe Asengaki ye nna kosalelaka makanisi na ye te. Apesaka ba excuse te. Abetaka mpe tembe na bilaka na Nzambe te ete akozwa bakitani ebele o nzela na Yisaka lokola minzoto o mapata. Soki tokotiela Nzambe elikya, tokotosa Ye kaka.

Abalayama atosaki kaka mpo ete alingaka Nzambe te kasi lisusu Asosolaka mozindo na motema na Nzambe. Atosaka na kososolaka ete, soki Apesi Yisaka lokola mbeka yakotumba, Nzambe Akosekwisa ye mpe akokokisa mokano na Ye.

Wuta tango wana Abalayama Andimamaka mpona kondima na ye, Nzambe asepelaka mingi na ye, mpe Nzambe Abengaka ye ata 'moninga' na Ye. Mpo ete Abalayama Asosolaka mozindo na motema na Nzambe mpe akokaka kopesa bomoi na ye na kotosaka liloba na Nzambe, akomaka tata na kondima mpe abengamaka 'moninga na Nzambe'.

Moninga ya solo ezali moto oyo bokoki kokabola motema na ye. Bazalaka na sekele te mpe basepelaka kozala elongo. Soki tokoki kondimama lokola baninga na Nzambe, Akopesa biso elikya lokola moko. Akopesa nini bokosenga na mabondeli, Akopesa bino mapamboli bisika nioso bozali.

Kosala bilembo na bikamwa na kotondisaka mabondeli ebele

Elembo ya mibale ya etape ya mitano kati na kondima ezali ete moto akoki kotalisa bilembo na bikamwa na kotondisaka mabondeli ebele. Mabondeli ezali pema ya molimo na biso, mpe moto nioso oyo andimeli Nkolo asengeli kobondela.

Kasi na etape ya liboso to ya mibale kati na kondima, bozali mingi kobondela mpona bino moko. Bozali na momesano kosenga mapamboli na mosala, libota, misolo mpe eloko na bokono na bino, mpe ata mpona makambo mina bokoka kobondela molayi te. Kasi na lolenge kondima na bino ekokola, bokobondela mpona bokonzi na bosembo na Nzambe, mpe tango mpona mabondeli na bino ekokoma molayi.

Soki bozali na etape ya minei kati na kondima, bosengeli te kobondela mpona kobulisama mpo ete bosi bolongoli masumu na mabe kati na motema. Lisusu, soki bokoti na etape ya mitano kati na kondima, Nzambe Akoyanola ba posa ya mitema na bino ata liboso na kosenga, soko ekozala misolo to nzoto malamu to nini. Nde, bosengeli te kobondela mpona makambo na bino moko, kasi bokoki kobondela kaka mpona kobikisa milimo mingi koleka mpe kokomisa bokonzi na Nzambe monene koleka.

Bozangi eloko moko te mpo ete bozali kozwa mapamboli na Nzambe, kasi mpo ete bolingaka Nzambe mingi, mpe bozali na motema oyo epelaka mpona milimo mizali kokufa. Bolukaka bolaka bolamu na bino mpe lifuti na bino moko te mpona milimo mpe bobondelaka mpona bango.

Sik'awa, na lolenge bozali kobondela mpona bokonzi na Nzambe, bozali koyoka ete bosengeli kozwa nguya na molimo. 1 Bakolinti 4:20 elobi ete, "Mpo ete bokonzi na Nzambe ezali likambo na maloba te kasi likambo na nguya."

Kokokisa bokonzi na Nzambe ezali etumba na molimo na milimo mabe miye mimekaka kozwa milimo o nzela na kufa. Etumba oyo ekoka te kolongama na mbwanya na bato, to nguya, kasi kaka na nguya na Nzambe.

Yoane 4:48 elobi ete, Yesu Alobi nde na ye ete, soko bokomona bilembo mpe bikamwiseli te bokondima te?.' "'Awa bilembo' ezali kotalisa nguya na Nzambe oyo ekendaka likolo na bosuki na bato.

Totangaka kati na Biblia likolo na bilembo mingi lokola kosekwisa bato oyo bawa, mpe kobikisa makakatani mpe bokono na nguya na Nzambe. 'Bikamwa' ezali kobongola lolenge na ntango. Ndakisa, na nzela na mabondeli moto akoki kotalisa misala oyo lokola na konokisa mbula to mbula na mabanga, kosilisa mopepe makasi, to ata kotelemisa moi na sanza.

Tango bato bamonaka bilembo na bikamwiseli oyo, mpe bakomona bilembo na Nzambe na bomoi, ekobongola makanisi na ba mingi nab aye bandimela te mpe bakondimela Nkolo. Tala tina soki bokoti na etape ya minei mpe ya mitano kati na kondima, bokobondela mingi mpona kozwa nguya monene na

Nzambe.

Yambo, bosengeli kozala na motema epetolama, mpe na moboko na motema ebulisama, bosengeli kotondisa mabondeli mingi na lisungi na Molimo Mosantu yango esepelisaka Nzambe. Na etape ya liboso to ya mibale kati na kondima, bisika bokomi naino bulee te, solo malasi na mabondeli na bino ezali yakolemba mingi ata soki bokoki kobondela mingi mpenza. Kasi tango bokobondela na etape ya mitano kati na kondima, mabondeli ekopesama lokola solo makasi na malasi banda ebandeli.

Lisusu, mpo ete bozali kobondela na motema na Nkolo, bozali na bolamu mpe bosolo ekosopanaka kati na mabondeli na bino. Makambo nioso na mabondeli na bino mikozala solo ikosepelisaka epai na Nzambe mpe 'ekoningisa ngende na Nzambe'. Tango botondisi mabondeli ya lolenge oyo na lisungi na Molimo Mosantu mokolo na mokolo, bokozwa na suka nguya na Nzambe.

Nguya, Mpifo, mpe Mpifo na Nguya

Ata soki moto abulisami te, soki alingaka Nzambe, soki alingaka Nzambe mpe milimo mingi mpenza mpe atondisi mabondeli ya kafukafu, akoki kozwa makabo na Molimo Mosantu lokola likabo na kobikisa to kosala bikamwa. Lisusu, ata soki moto azwi naino likabo na Molimo Mosantu te, tango akobondela mpona moto na molende na bolingo, Nzambe Akoki kozala na mawa mpe Akoyanola libondeli na ye.

Ndakisa, ata soki Mobateli mpate Azali na nguya na Nzambe te, tango mosusu mondimi akoki kosenga libondeli na mobateli mpate. Nzambe Akotala motema na ye ya petwa na kondima na ye mpe Akosalela ye. Kasi makambo oyo mikesani na kotalisa bilembo na bikamwa na nguya etondisama na Nzambe.

Bokoki bokzwa nguy6a na Nzambe na bisika moko tango bokoti na etape ya minei kati na kondima mpe botondisi mabondeli ebele, nde kaka soki bokoti na eteni ya mitano kati na kondima nde bokokoka kozwa mpenza nguya na Nzambe. Soki bozwi nguya ekokisama na Nzambe tango bozali na eteni na mitano kati na kondima, bokokoka botalisa bilembo na bikwamwa. Bokobikisa kaka bokono te, kasi ata bakakatani.

Nde, Biblia ekesanisi nguya na Nzambe na likabo na kobikisa. Likabo na kobikisa ekoki kobikisa bokono eyaka nab a germe to virus kasi ekoki te kobikisa mikakatani, mingi mingi na moto to na nzoto. Ekoki te kobimisa milimo mabe mpe lokola. Bokoki kobikisa mikakatani kaka na nguya na Nzambe. Kati na Biblia, elongo na liloba 'nguya' ezali mpe na mpifo. Elongo, mikoki komonana lokola na lolenge moko, kasi mikeseni.

Yambo, nguya ezali eloko oyo Nzambe akoki te kosala kasi Nzambe Akoki na nguya na Ye. Ezali na makambo mingi mpenza miye mikoki te na makoki na bato, kasi ezali na eloko moko ekokoka te na nguya na Nzambe (Malako 10:27). Na nguya na ye, tokoki kobikisa ba bokono mpe mikakatani, mpe ata kosekwisa ba kufi mpe kobengana milimo mabe.

Nde soki bozali na likabo na kobikisa, bokoki kobikisa ba bokono miyaka nab a germe mpe viruse, kasi bokoka te kobikisa makambo lokola kokufa miso, kozanga koloba, to mokakatani kaka na likabo na kobikisa. Bosengeli kozala na nguya. Ata liboso na bino kolongola mabe nioso, soki bozali na bolingo makasi mpona Nzambe na milimo mpe bobondela mingi, bokoki kozwa mua nguya lokola likabo na Molimo Mosantu, kasi ezali ya kokoka te. Misala na Nzambe mikosalema kaka na eteni moko. Lisusu, soki ye oyo azwi nguya akomi lolendo to abongoli makanisi na ye, likabo wana ikokamatama.

Kasi soki bokomi na etape ya minei kati na kondima mpe bozwi nguya, ezali na kokesana. Bokoki kozwa nguya na lolenge bozali kotondisa mabondeli na kafu kafu mpona kobikisa milimo mpe mosala na bokonzi na Nzambe. Mpe mpo ete bosi bozali bulee, bokozwa lolendo to bokobongola makanisi na bino te. Bongo, bongo nguya oyo ekopesama ekolongolama te, mpe na lolenge bokotondisa mabondeli mingi mpe na lolenge bokokokana na mingi na Nzambe, Nzambe Akopesa bino mpifo na molimo mpo ete bokoka kotalisa nguya na Ye na mobimba.

Mpifo na molimo ezali 'nguya na nkembo mpe na talo oyo

etiama na Nzambe mpe motindo na Nzambe ewuta na likolo, na kobandisama na mitindo na Nzambe.' Ezali nguya na nkembo ezalaka na Nzambe Mokeli epesamela moto. Baloma 13:1 elobi ete, "Tika ete moto na moto atosaka bango bazali na bokonzi. Pamba te bokonzi ezali kaka yango euti na Nzambe. Yango oyo izali ibongisami na Nzambe."

Tango Pilato azalaka kotuna Yesu mituna, Yesu Alobaki ete, "Olingaki kozala na nguya te soko kaka epesamelaki yon a likolo (na Nzambe)." Kaka Nzambe nde mokambi na makambo nioso na likolo na nse mpe bomoi, kufa, libaku malamu na libaku mabe. Soki Nzambe Andimi yango te, ata ndeke moko te akokweya na nse. Soki bokanisi likambo yango, ata tango bokokutana na mimekano, bokosalela lolenge na bato te kasi bokoluka kozwa eyano kati na Nzambe.

Mpe mpifo oyo ezali na lisanga na kobulisama. Nguya na molimo ekoki kopesama te soko moto abulisami te. Soki boposi mbeli y amino makasi na bebe, akoki komisala mpenza mabe na bato misusu mpe lokola. Mpifo na molimo ekoki kopesama nab aye oyo bazali na etape ya minei kati na kondima. Basengeli kozala na mabe moko te kasi bolamu na boboto ata na kopesa bomoi na bango moko mpona bandeko.

Soki bozwi nguya elongo na mpifo na molimo, bokokoka kosalela na yango 'mpifo na nguya'. Kasi, tolobelaka na momesano tolobelaka mpifo na nguya oyo kaka lokola 'nguya'.

Luka 4:36 elobi ete,"Kokamwa ekwelelaki bato nioso mpe balobanaki ete, oyo sango nini? mpo ete na bokonzi mpe na nguya Azali kopesa milimo mabe mitindo mpe bazali kobima.'" Misala oyo Yesu asalaka mizalaki kaka misala na nguya kasi mitalisamaki elongo na mpifo.

Ata soki moto akomi na etape ya mitano kati na kondima te, tango mosusu misala na mpifo na nguya mikoki kosalema. Ndakisa, ezalaka tango Yesu Atielaka bayekoli na Ye maboko mpona kotalisa nguya na Ye. Na tango wana, nguya na Yesu epesamelaki bayekoli na ye na mokano na Yesu, nde misala na nguya makasi misalemaki.

Tango tolobelaka nguya na momesano, esangisi misala nioso na molimo lokola kobengana milimo mabe, lobiko na makakatani, mpe kosekwisa ba wa. Kasi, na kokesanisa, kaka nguya, mpifo na nguya, na nguya elongo na mpifo mikeseni.

Bongo, nini bokeseni kati na 'nguya' mpe 'Mpifo na nguya'?

Ndakisa, kati na baboti mpe bana, ata soki muana azali mayele mingi mpe azali na makoki mingi, asengeli kotosa tata na ye. Asengeli mpe komikitisa na mpifo na tata na ye. Lisusu, na mikolo na kala, basoda misusu basengelaki kotosa batindami na mokonzi oyo azalaka komema mokanda na mokonzi na mboka. Ata soki mokonzi na basoda alekaki motindami, mpo motindami azalaka komema mokanda na mokonzi, moto wana asengelaki kotosa motindami.

Nde, soki Nzambe na nguya nioso Apesi nguya na Ye na moto, bikelamo nioso ata milimo mabe misengeli kotosa ye.

Mpo ete mpifo na molimo ezalaka ya Nzambe, soki bozali na nguya elongo na mpifo, milimo mabe, bokono, na germe, ata biloko mizali na bomoi te mikotosa bino. Lolenge moko na Yesu, bokozala ata na nguya na mpifo mpona kopesa mitindo na mopepe na mbonge, to mbula na mapata. Bozali na nguya ya kobongola tango na makambo na mokili.

Kaka baye oyo babulisami mpe bazali na kondima lokola wolo epetolama nde bakoki kozwa mpifo na nguya oyo, mpe ata na etape ya mitano kati na kondima, moto asengeli kokota na mozindo na yango mpo kotalisa nguya wana makasi. Mpe ba oyo bazwi nguya wana bakotalisa bilembo..

Bilembo oyo bilandaka bandimi

Malako 16:17-18 elobi ete, Bilembo oyo ikozala na bango bakondima: bakobimisa milimo mabe na nkombo na ngai, bakoloba na minoko na sika; bakolokota ba nyoka; soko bakomela eloko na kufa, ekoyokisa bango pasi te, bakotia maboko na baton a malali mpe bakobika." Ezali na misala mingi mitalisamaka na nguya na Nzambe, kasi na makomi oyo, mitano kati na bango mitalisami lokola ndakisa. Sik'awa tika totala kati na limbola na molimo na moko na moko na bilembo oyo.

Yambo bakobimisa milimo mabe na nkombo na Yesu Christu.

Lelo, bato mingi bakanisaka ete milimo mabe bazalaka te, kasi Biblia eyebisi biso ete bazalaka. Yesu Abikisaki ba oyo bakangemaki na milmio mabe, ata bayekoli na Yesu na ntoma Polo babimisaki milimo mabe. Ata lelo, ezali na bato oyo bazali konyokwamana milimo mabe, mpe na likambo oyo, bakokikobika na minganga te.

Na lolenge bozali kobika na Liloba na Nzambe, bokoki kokonza milimo mabe mpe kobimisa bango. Soki bokoti na etape ya mitano kati na kondima mpe bokobika kati na pole, bokobimisa kaka milimo mabe na nkombo na Nkolo te, kasi lisusu, tango bokoteya Sango Malamu mpe bokomipesa mpona milimo misusu, moyini zabolo na Satana bakokoka kosalela bango te. Bongo, bato oyo bozali koteya bakofungola makanisi na bango na pete koleka mpe bakokutana na ngolu na Nzambe o nzela na nguya na maloba na bino. Lisusu, bakoki kozwa makasi mpona kobunda na kolongola solo te mpe kosalela Liloba.

Ata soki moto na etape ya mitano kati na kondima akopesa mitindo, ezali te ete milimo mabe nioso bakobima kaka. Ndakisa, bato misusu to mabota na bango to bakoko na bango bangumamelaki bikeke mingi mpenza mpe batondisa mabe mingi ete bayebi solo moko te mpe bazali na kondima te.

Soki mpona likambo oyo bato bakangemi na milimo mabe, basengeli naino kobuka efelo na masumu oyo etongamaki. Soki mokangemi na milimo mabe akoyeba eloko moko ten de akoki kotubela te, bandeko na libota na ye basengeli kobika na kondima mpe kosenga mawa na Nzambe likolo na ye. Soki bakomeka mpenza kobatela Liloba na Nzambe kati na mitema na bango mpe bakobondela mpona kozala kati na pole, suka suka molili mikolongwa na libota na bango mpe milimo mabe mikokenda mpe lokola.

Ezali na likambo ya lolenge mosusu. Ezali tango mondimi apesi Nzambe motema pasi mingi mpenza.. Oyo ezali tango basali masumu oyo mikoki kolimbisama te (1 Yoane 5:16).

Masumu mawe makoki kolimbisama te esangisi kotelemela, koloba mabe, na kotuka Molimo Mosantu, kosala masumu na nko na koyebaka solo, mpe kokweya lisusu na sima na komona nguya na Nzambe, kobaka Nkolo lisusu mpe lisusu na ekulusu.

Mingi, tango mondimi na Nzambe bakomona bilembo na bikamwiseli miye mokisalemaka na Molimo Mosantu, soki bakoboya mpe bakotelemela yango nakolobaka ete mizali misala na Satana to makambo na bopengwi, suka suka Nzambe Akobalolela bango elongi mpo ete bakoka kokutana na makama to bakoma bakangemi na milimo mabe.

Lisusu, kozala kondima na Nzambe, soki bokokoba kosala misala na nzoto mpe bokomikotisa kati na mokili, makambo ya lolenge moko mokolanda. N amakambo oyo, ata soki mosali na Nzambe na nguya akobondela mpona bango, makambo na bango makoki kosila te kaka soki bakubuka naino efelo na masumu na bango. Kasi libanda na makambo oyo, tango moto oyo azwi nguya na Nkolo akopesa mitindo, milimo mabe mikolongwa na kolenga mpe kobanga.

Elembo ya mibale na ba oyo bandimeli bakoloba na minoko na sika.

1 Bakolinti 14:15 elobi ete , "Nini koto! Nakobondela na molimo mpe nakobondela na makanisi lokola; Nakoyemba na molmio na makanisi mpe lokola.." Kobondela na makanisi ezali kosenga makambo tolingi na mitema na biso, mpe kobondela na molimo ezali kobondela na monoko na sika.

Kobondela na minoko na sika ekopesama lokola likabo tango tokobondela na kotondisama na Molimo Mosantu. Tango tokobondela na minoko na sika, tokoki te kososola nini tozali kobondela mbala moko, mpe ata moyini zabolo na Satana bakoki mpe kososola te lokola. Ezali kaka soki mobondeli akozwa kotondisama na Molimo Mosantu, akososola nini azali kobondela na eteni moko, mpe soki bokozwa likabo na kolimbola minoko na sika, bokoki kososola yango.

Kati na makabo mingi na Molimo Mosantu, Nzambe Alingi kopesa likabo na koloba monoko na sika na bandimi nioso. Na likabo na monoko na sika, bokozwa makasi mingi kati na mabondeli, nde ezali motuya mingi mpona bandimeli sika. Soki bokobondela makasi na monoko ya sika, bokoyemba mpe ba nzembo na minoko na sika na lisungi na Molimo Mosantu.

Mpe soki bozali na kotondisama mingi bokoki mpe kobina na Molimo Mosantu. Ata soki boyebi koyemba to kobina te, soki bokoyemba mpe bokobina na Molimo Mosantu, bokoka koyemba mpe kobina kitoko.

Ndakisa toloba ete moyibi alingi kotia bino mbeli. Nde, soki obondeli na monoko na sika, molili ekolongwa mbala moko. Bato basalaka na mabe mpona kotindikama na moyini zabolo na Satana. Bongo, mpo ete misala na molili mikolimwa, moyibi na mbala moko akobongola makanisi maye mpe akokima, to ata nzoto na ye ekoki ata kokangama. Boye, soki bokoki tango iso kobondela na monoko na sika, bokoka te kozwa motungisi na lolenge moko epai na moyini zabolo na Satana nab a mbako na bino, mosala, bombongo, mpo ete bofuluka na makambo nioso na bolamu.

Elembo ya misato ezali ete bakolokota ba nyoka

Awa, 'Ba nyoka' elakisi te nyoka oyo abendanaka na mabele kasi ezali na limbola na molimo. Lolenge eteni ya liboso na emoniseli 12:9 elobi ete, "Dalagona yango monene abwakami, ye nyoka na kala kala, oyo abiangami zabolo na Satana, mokosi na mokili mobimba," nyoka elakisi bongo moyini zabolo na Satana.

Bongo, bandimi kolokota ba nyoka elakisi ete bazali na mpifo ya kobebisa mangomba na Satana kati na egelesia.Eteni ya suka na Emoniseli 2:9 elobi ete, "Nayebi kotuka na bango bazali koloba ete bazali Bayuda,nde bazali te, kasi bazali lingomba na Satana." Mpe lisusu Emoniseli 3:9 elobi ete, "Mpo na bango bazali na lingomba na Satana, baoyo balobi ete bango Bayuda,kasi bazali bongo te, mpo bakobukaka lokuta, tala Nakoyeisa bango mpe nakongumisa bango na makolo na yo, mpe bakoyeba ete ngai nasili kolinga yo." Lingomba na Satana ezali lisanga na bato ba oyo bakanisaka ete bazali ya Nzambe kasi solo bakotelemela mosala na Nzambe mpo ete makambo makokani na makanisi na bango te to lifuta na bango.

Ezali tango bato mibale to koleka bayangani kati na egelesia, bakoloba maloba ya koyimayima mpe komema makambo na kosambisa, kokatela mabe, mpe kotutisa bato mito. Bakomema bokabwani kati na bandimi mpe bakosala masanga. Solo, kati na egelesia, tosengeli tango komema kotonga malamu mpona kokokisa likambo na bolingo na Nzambe mpe na makanisi malamu.

Kasi, soki bokotelemela mobateli mpete mpe bokokabola bandeko kati na kondima na kotelemelaka mibeko na lingomba mpona lifuti na bino moko mpe nakozalaka na bosembo na bino moko, nde yango ekozala mpenza mosala na Satana. Soki lingomba na Satana esalemi kati na egelesia, bolingo ekokita mpe mosala na Nzambe ekotika. Kasi, soki ezali na moto oyo azali na etape ya mitano kati na kondima kati na egelesia, moto wana akoki kotala kati na lingomba na Satana mpe kokweyisa yango na mpifo na liloba na ye.

Elembo ya minei oyo ekolanda baye bandimeli ezali ete 'Soki bameli bimeli na kufa', ikosala bango mabe te.

Na misala 28:1-6, tomoni ntoma Polo koswama na nyoka na ngenge. Bato mingi bamonaki ete Polo akokufa mbala moko, kasi eloko moko te ekomelaki ye. Bakamwaki mingi mpe bazwaki Polo lokola nzambe..

Lolenge moko, soki bokomi na etepe yakondima ekoka, bokobatelama, ata soki bomeli bimeli na kufa. Ata soki bopemi kati na gaz ya koboma, Nzambe Akobatela bino. Soki ba germe to viruse ezwi bino, Nzambe na mbala moko Akozikisa yango na moto na Molimo Mosantu.

Ya solo soki moto oyo Azali na nguya makasi ameli bimeli na kufa mpona komeka Nzambe, akoka te kobatelama. Matai 4:7 elobi ete, "Yesu Alobi na ye ete, lisusu ekomama okomeka Nkolo Nzambe na yo te.'"

Elembo ya mitano oyo elkolanda baye bandimeli, ezali ete, tango bakomama maboko na babeli, bango bakokoma malamu.

Soki bokomi na etape ya mitano kati na kondima mpe bozwi nguya, bokono moko te ekoyeila bino, mpe bokozala mpe na nguya ya kobikisa bokono na bato mosusu. Kasi kaka lolenge na kobondela mpona baton a bokono, ata soki moto na nguya amami mabako na ye, tango mosusu bokono ekobika te. Ezali tango moto oyo azali koyamba mabondeli azali na kondima ata moko te to tango azali na efelo monene na masumu liboso na Nzambe.

Na egelesia na bison a poso nioso bato mingi bayaka koyamba libondeli na ngai mpe mingi babikaka. Kasi soki bakolikya kobika na libaku malamu na kozanga kondima, babikaka te. Mpona kozwa lobiko bosengeli naino koyoka Liloba na Nzambe, kozwa kondima, mpe kotubela masumu na bino, mpe koyamba libondeli na kondima na kolikiaka ete bokobika.

Tango misusu, ata soki moyambi libondeli azali na kondima moko te, Nzambe Akotala mozindo na motema na Ye mpe Akobikisa ye. Kasi bokanisa, na momesano, bosengeli naino koyoka Liloba na Nzambe, botubela, mpe bobongisa ba sani ya koyamba biyano.

Malako 16:220 etangi ete , "Bango mpe babimi, basakoli

bipai nioso. Nkolo mpe Azalaki kosala na bango elongo, alendisi Liloba na bilembo bizalaki kobila. Kaka Yesu te, kasi ata bayekoli batalisaki solo na Liloba na Nzambe na bilembo tango bazalaki kotela sango malamu. Na nzela na bilembo oyo, makanisi na bato mabongolamaki, bafungolaki mitema na bango, mpe milimo na bato mingi mibikisamaki na mbala moko.

Kozala sembo na ndako mobimba na Nzambe.

Eloko ya misato na etape ya mitano kati na kondima ezali ete bokozala sembo na ndako mobimba na Nzambe. Mituya 12:3 elobi ete, "Moto yango Mose azalaki na bopolo mingi, na koleka bato nioso bazalaki na nse." Mose Azalaki na Eteni ya mitano kati na kondima, oyo ezali eteni esepelisaka Nzambe.

Limbola na molimo mpona bosembo ezali kosala koleka oyo esengameli bino. Ndakisa tango bokozwa moto mpe bokofuta ye mpo asalela bino mosala moko, soki ye asali kaka oyo esengamelaki ye kosala, tokoloba te ete azali sembo mpo ete asalaki kaka oyo asengelaki kosala mpe afutami mpona yango. Akoki te kondimama lokola sembo. Kasi akosala mosala na kolekisa tango na ye moko, mosolo, makasi, mposa na kosala mingi koleka oyo bakofutaka ye, nde tokoka koloba ete azali 'sembo'.

Ba oyo na eteni na minei kati na kondima bakoki kondimama lokola baton a sembo na molimo. Ba oyo babulisami mpe bakoti na etape na minei kati na kondima bazali mpe ba mbuma na Molimo Mosantu, nde bazali mpe na mbuma na bosembo, mpelokola. Kasi mpona bosembo oyo ekoma oyo na ndako mobimba na Nzambe, bosengeli kokota na etape ya mitano kati na kondima mpe bobota ba mbuma nioso ya Molimo Mosantu na 100%.

Kino bosembo ebotama, bosengeli komitaba mbeka mpona basusu mpe komipesa bino moko mpona lifuti ba basusu. Kasi soki bolingo ya molimo ezali te, bokoka te komikaba mbeka to komipesa bino moko na lolenge oyo. Lisusu, soki bokozanga mbuma na komikamba, bokoki kozala sembo na bisika moko, kasi na lolenge moko te mpona na makambo nioso.

Soki bozali nab a mbuma na kimya ekoka te, ata soki bokosalela Nzambe na bosembo, bokoki kozala na matata na bato mosusu to kozokisa bango na motema na nzela na kosalaka mosala na bino. Bosembo na kimya oyo ebebisamaka ezali likambo moko yakokoka te liboso na Nzambe. Mpona kozala sembo na ndako nioso na Nzambe na bosembo na molimo, bosengeli kozala na ba mbuma nioso etoda na Molimo Mosantu.

Kasi nini mpenza ezali kozala sembo na ndako nioso na Nzambe? Ezali mpenza kosala mosala na bino mpe koleka oyo efutameli bino to bakozela bino bosala. Na BoKristu na bino, bokoki kozala na misala mingi kati na Nkolo. Bosengeli kosala misala na bino na bosembo mpe bosengeli kaka kosala makasi mpona likambo moko to mibale te, kasi bosengeli kosala mosala na makambo nioso na motema na bino mobimba.

Misala misusu mimonanaka lokola motuya koleka misusu, mpe misala na makambo misusu mikoki kondimama na bato misusu koleka makambo misusu. Kasi soki bozali na molimo ekoka, bokotala makambo na Nzambe lokola motuya, ata soki mikoki komonana moke to minene na miso na bato. Nde bokosala mosala nioso na mitema na bino, makanisi na makasi nioso.

Soki bozali na molmimo ekoka, ata misala boni bokozala na yango, bokoki kozala sembo na makambo nioso mpe kobota mbuma. Ezali mpo ete bokolisi motema na Tata oyo Azali yakokoka mpe bozali na motema na Christu.

Nzambe Amemaka kati na motema na Ye lisituale nioso na bato mpe bomoi na bato mingi lokola Azali kotala loboko na Ye moko. Ya solo, ata soki bozali na etape ya mitano kati na kondima, bozali lolenge moko na Nzambe te. Kasi mpo ete bozali na lolenge na Nzambe, oyo Azali molimo, bokoki komema milimo mingi mpe makambo mingi kati na mitema na bino.

Lisusu, bosengeli kopesa bomoi na bino moko mpona bokonzi na Nzambe mpe mpona milimo mipesameli bino. Bokoki kokitisa misala na Nzambe na komemaka milimo mpe kobondelaka mpona bango na bolingo ya solosolo.

Ya solo, komema misala nioso mpe kokomisa motema na bino monene mpe energy na lolenge moko elakisi te ete bosengeli kopesa tango moko mpona mosala nioso mpe komona makambo nioso kozala motuya koleka. Solo ezali na makambo na motuya mpe oyo na motuya mingi te. Lisusu, ezali na makambo oyo bosengeli kolekisela ngonga mingi.

Kasi ba oyo bazali na ba mbuma na kozala sembo na makambo nioso na ndako na Nzambe bamonaka mosala moko te mpamba, mpe basalelaka molimo moko mpamba te. Bolekisa tango mingi to moke na misala misusu, bizaleli na bino na mitema mikozala sembo mpe bokomeka nioso epusi malamu na makambo nioso.

Kokamba makambo nioso na molimo lokola Mose

Na tango na Esode, ezalaki na bato penepene na 600,000 mibali, nde tokoki komona bango nioso kozala pembeni na milio 2. Mose akokaka kokutana na moko na moko te mpe kopesa toli. Kasi Mose amemaki bango nioso na molimo mpe akambaki bango na bolingo oyo ekoki kopesa bomoi na ye mpona bango. Tala ntina Nzambe Alobaki ete Mose azalaki sembo na ndako mobimba na Nzambe.

Lolenge moko na biso. Na lolenge tozali kokota na molimo,

tokoki komema makambo mingi na molimo, mpe tokoki kosala misala mingi. Ndakisa, soki bato 500 bapesameli biso, tokoka te kotala bango nioso na poso nioso. Tokotala oyo azali makasi te mpe azali na likambo na noki noki mingi koleka basusu, kasi mpona basusu, tokoki kotala bango mbala moko to mibale na mbula.

Kasi, soki tozali solo na motema sembo, tokomema tango nioso bam pate bapesameli bison a molimo mpe kati na mitema na biso, ata soki tokomona bango mingi to te. Ata soki tomonaki molimo moko na mbala mingi te mpona ba sanza, tokokoba komema ye kati na mitema tango nioso, nde Nzambe Akosalela moto yango na koyebaka mitema na biso.

Nde, natango esengeli, Nzambe Aningisaka mitema na biso mpona kobondela makasi mpona moto wana na ngonga to tango moko, monene ya komema moto wana kati na mitema na biso mikobiba lokola mbuma malamu.

Ekeseni na kokende kotala milimo te mpona bolembu na bison a kolobaka ete, "Nazali kutu kobondela mpona ye." Tokotungisama mpo ete tokoki te kosunga milimo wana na mbala moko, nde tokoki te kosunga kasi kaka kobondela makasi nakolobaka ete, "Tata, nzsenge ete Okamba milimo oyo nakoki kokutana na bango te.

Nzambe Akoyamba malasi na motema wana mpe Akokamba

milimo Ye moko. Ezali kaka mpona kokamba milimo te kasi ata mpona mosala nioso na Nzambe. Lolenge na kozala sembo na makambo nioso na Nzambe ezali komeka nioso esengeli na makambo nioso na motema na biso nioso, makanisi, na molimo, mpe kobimisa ba mbuma na komemaka makambo nioso na molimo.

Basusu bakoki koloba ete, "Soki bozali na misala ebele mpenza, bokokoka kosala mangi nioso te. Nde, esengeli kozala malamu te kozala kaka na misala mibale mpe kozala sembo na miango, nde bokoka kozala sembo na ndako nioso na Nzambe?" Kasi ba oyo bazali sembo bazali na posa ya kosala tango nioso misala mpona bokonzi na Nzambe.

Bakomitungisa tango nioso mpona milimo mizali kokufa, nde bakolinga misala mingi.. Soki bokoloba ete bokosala kaka makambo mibale oyo bokoki kosala malamu, bozali mosika na kozala sembo na ndako nioso na Nzambe.

Soki bozali sembo na ndako nioso na Nzambe, bokozala sembo na bisika na bino, bokobota mbuma kuna, mpe lokola, mpe bokopesa nkembo na Nzambe. Toloba ete bozali sembo kati na ndako na Nzambe kasi bokolandela ba ndeko na bino na libota te, to boyebana lokola moto oyo azanga bosembo na kelasi to na mosala. Bongo, bozali basali na sembo te. Ba oyo bazali sembo bazali na motema na sembo, nde bazali sembo kaka na ndako nioso na Nzambe te, kasi bazali mpe sembo na makambo nioso.

3. Kokota mokili na molimo ezanga suka

Na etape ya mitano kati na kondima, moko azali na motema na Nzambe Ye moko, nde akoki kososola motema na mokano na Nzambe atosa Ye na makambo nioso, wana akosepelisa Nzambe. Kasi, nakoyokaka mingi likolo na Nzambe elakisi te ete tokoki kotosa Ye na mobimba. Tosengeli kosangana na Nzambe na Nkolo na kobongolaka motema na bison a molimo mpenza, mpo ete tokoka kosala oyo Nzambe Alingeli biso mpe totosa Ye na mobimba.

Sik'awa soki tokomi na etape ya mitano kati na kondima mpe tozali na motema na molimo oyo ekokani na motema na Nzambe, elakisi ete tosengeli te kokola na nse na moi? Soko te. Kka na lolenge Nzambe Azali molimo esuka te, mokili na molimo ezali mpe na suka te. Ezali lokola kosilisa kelasi na doctora mpe kozwa diploma na yango elakisi te ete koyekola esili. Kaka na lolenge koyekola ezalaka na suka te, mokili na molimo eleku kutu. Ata soki tokoti na eteni ya mitano kati na kondima na kolekaka na mimekano ebele, ezali kaka ebandeli na kokota na mokili na molimo ezanga suka.

Kasi kati na etape na mitano kati na kondima, tokoki te mpenza kopima etape na kondima na pourcentage to moke na yango. Kaka na lolenge ezali na suka te mpona Nzambe oyo Azali molimo, mozindo bokokota na molimo, mozindo dimension ezanga suka ekofungwama. Kasi mpona kososola tolobaka ete ba oyo bazalaka na etape monene koleka kati na kondima kati na Biblia bakomaka na bisika mileki likolo kati na etape ya mitano kati na kondima. Bazali bongo Eliya, Enoka, Abalayama, Mose, mpe ntoma Polo ba oyo bakokanaki mpenza na Nzambe, basepelisaki Ye, mpe basoslolaki na Ye malamu mpenza.

Soki tokoti na etape ya mitano kati na kondima, tozali ya mokili na molimo na lolenge na molimo, ata soki tozali kobika na mokili oyo ya mosuni. Nzambe Ye moko Akambaka bato ya lolenge oyo mpona kotondisa bango na mayebi na molimo. Nde, na mokili oyo bakoki koyekola makambo oyo tokoki kaka koyekola na sima na Lola. Na lolenge moto asosoli ebele na ba sekele na mokili na molimo, na mingi akokoka kososola likolo na Nzambe. Na lolenge akozala na motema na molimo eleka, akokoka kokoma na bisika likolo koleka kati na etape ya mitano kati na kondima.

Soki tokomi na bisika ya likolo koleka kati na etape ya mitano kati na kondima, bizaleli na bison a lolenge na biso nioso mikokoma makambo na biso malamu. Ndakisa, ata soki tobotamaka na ezaleli na kolemba, tokotondisama na ezaleli makasi mpe na mpiko, mpe ezaleli na kolemba ya ebandeli ekokoma bolamu mpe bolingo, oyo mizali makambo na bolamu kati na solo.

Lisusu, soki, soki tozalaka na lolenge na makambo makasi, tokotondisama na bopole na bolamu, mpe bizaleli na makambo makasi na ebandeli mikokoma motema mpiko kati na solo. Bizaleli na baton a oyo balingaka mikeseni mpenza, kasi moto nioso akokokata mpenza na Nkolo na Yelusalema na Sika.

Kokota na bisika na Nzambe koleka bosuki na bato

Ba oyo bakota na molimo na kokoka mpe bakoma moko na Nzambe mpe na Nkolo bakososola makambo na molimo oyo mikendaka likolo na makanisi na bato, mpe bakokutana mpe na makambo na nkamwa, na molimo oyo elekelaka bosuki na bato. Kati na Biblia, tomonaka masolo mingi na makambo na nkamwa lokola kobongola tango to koningisa minzoto o likolo, kosekwisa bakufi, to kobikisa bokono to makakatani. Tokoki kotalidsa makambo oyo mikoki ten a baton a lolenge tokokani na Nzambe, mpe na lolenge ete nguya na Nzambe ekiteli biso. Kati na bango, moko na likambo na nkamwa koleka ezali kokamatama na Lola na komona kufa te.

Baebele 11:5 elobi ete, Mpona kondima Enoka atombwamaki ete amona kufa te, amonanaki te mpo ete Nzambe Akamataki ye. Mpo ete liboso naino atombwamaki te, azwaki litatoli ete asepelisi Nzambe.

2 Bakonzi 2:11 elobi ete, Mpe ezalaki bango kokenda liboso mpe kolobana, tala likalo na moto mpe mbalata na moto ekabolaki bango mibale mpe Eliya abutaki likolo na mopepe monene kati na Lola."

Baebele 9:27 elobi ete, Mpe pelamoko ebongi na bato ete bakufa mbala moko mpe sima ekateli ekoya,"bongo lolenge nini moto akoki kokima kufa? Ekoki kosalema soki tokomi moko na Nzambe na etape ya mitano kati na kondima.

Baloma 6:23 elobi ete, "Bongo lifuti na masumu ezali kufa, kasi likabo na ofele na Nzambe ezali bomoi na seko na Yesu Christu Nkolo na biso." Kolandana na mobeko na mokili na molimo, kufa eyaka nab a oyo basumuki.

Kasi ba oyo bandimeli Nkolo balimbisama masumu na bango na kondima, nde, ata soki bakutani na kufa na nzoto, bakosekwa na mokolo na suka mpe bakozwa ba nzoto na molimo. Kasi soki bokoti na mozindo na etape ya mitano kati na kondima mpe bolongoli bilembo nioso ya mosuni, oyo elakisi soki bopusani mpenza na lolenge na Nzambe Ye moko, bokozala na makoki ya komona ata kufa na nzoto te.

Eliya na Enoka balingaki Nzambe likolo na nioso, mpe balongolaki kaka masumu te kasi ata bilembo na mosuni maye mitikalaka na bizaleli na bango. Lisusu, batondisaki mitema na bango na solo ya kotonda mpe bakokanaki na Nzambe na lolenge eleka.

Ata soki babikaka na tango na Boyokani na kala, na kondima batalelaki Yesu Christu oyo asengelaki koya na kosololaka malamu na Nzambe, nde bakokaki kolimbisama na masumu na bango yak ala mpe masumu na bango ya mbotama. Mpona yango, ata soki lifuti na masumu ezali kufa, bandimamaki ete bazalaki na masumu te, mpe bakokaki kokamatama na Lola na komonaka kufa te.

Kasi elakisi te ete moto nioso na etape ya mitano kati na kondima akokamatama na Lola na komonaka kufa te. Ata soki bazali na makoki na kosala bongo, mpo ete babotama na mokili oyo na mokano na boleki na baton a mokili oyo, Nzambe Akotika bango bakutana na kufa na nzoto na kolandaka molongo na mokili oyo.

Lisusu, lokola na likambo na ntoma Polo to Petelo, ata na sima na kokota na molimo yakokoka, Nzambe Atikaka bango bakoma babomami mpo ete bakoka kozwa ata nkembo na koleka mpe makabo. Nzambe Atikaka ete bokonzi na Nzambe ekokisama na bonene koleka na nzela na makila na bango oyo esopanaka. Mpona Enoka na Eliya, Nzambe Azalaka na pan special mpona bango. Andimaka bango bakamatama, mpe Atikaka makambo mango makomama kati na Biblia. Yango ezalaki boye mpo ete baton a sima basosola ete likambo yango ekoki kosalama mpe balikya na yango.

Ata soki tokomi na botondi na Christu kati na etape ya mitano kati na kondima mpe tozwi makoki ya komona kufa te, tokoki kokoma lokola Nkolo na Nzambe te. Ata lolenge kani tokokani na Nkolo, biso lokola bikelamo tokoki te kozala lolenge moko na mokeli Nzambe na Nkolo.

Lisusu na molimo, moyekoli akoki te koleka nkolo na ye (Matai 10:24-25). Na mokili na mosuni, moyekoli tango mosusu akoki koleka molakisi na ye, kasi na molimo, ekoki kosalema te.

Ndakisa, Mose alakisamaki na Nzambe Ye moko, nde Yosua na koyekolaka epai na Mose akokaki te koleka Mose na molimo. Mokili na milimo ezanga suka mpe mozindo mpenza, mpe mpona tina oyo moto akoki te kolimbola likolo na bisika soki ye moko akoma kun ate to asosola yango te.

Bongo ntoma Polo alobaki na 1 Bakolinti 4:5 ete, Pamba te, soki bozali na balakisi nkoto na nkoto, kati na Klisto bozali mpenza na balakisi mingi te. Mpo ngai nabotaki bino kati na Kristu Yesu na nzela na sango malamu.". Akaboli kati na molakisi oyo akopesaka kaka mayebi na tata oyo azali kobota na kokambaka bato na molimo. Ba oyo bakokendaka na mokili na molimo mpe basosoli motema na Nzambe mpe mokano malamu na kosololaka na Ye, kaka baton a lolenge wana nde bakoki kokamba bato misusu kati na mokili na molimo.

Wuta nakoma mondimi, nazalaka kosolola malamu na

Nzambe mpe nalekisaka mikolo mingi na kokila na mabondeli kino nayaka kososola motema na Ye na mokano. Na tango moko, nakokaki kondima mokili na molimo na dimension na kondima na lolenge na monaki miango, mpe na nzela na oyo nakokaki komema etonga na mozindo na molimo.

Nzambe Alingi moto nioso abikisama kaka te kasi aya na mozindo na mokili na molimo mpo ete tokoka kososola makambo na mozindo na motema na Ye. Soki tokokenda na molimo yakokoka mpe tososola mozindo na Nzambe, tokokoka kokabola bolingo na solo na Ye lokola moninga. Bongo, nakolikya ete bokolinga makambo malamu mpe na molimo na motema na molende koleka, bosolola na Nzambe mpe bososola motema na mokano na Ye na mozindo koleka mokolo na mokolo.

10

Mapamboli mipesamelaka na etape ya mitano kati na kondima

"Omisepelisa na Yawe mpe Ye Akopesa yo mposa na motema nay o. Tikela Yawe elekele nay o, zala na elikya epai na Ye mpe Ye Akosala mosala. Ye Akobimisa elonga nay o lokola Pole, akolongisa yo lokola moi na midi"
(Nzembo 37:4-6).

Mingi na bilaka na mapamboli mikomama kati na Biblia mizale mpona baye bakota na etape ya minei to likolo. Soki bokoti na etape ya mitano kati na kondima, bokozwa mapamboli nioso na kotonda. Ya solo, yango elakisi te ete ezali na mapamboli mpona bino te liboso na kokota na molimo. Kino etape ya misato kati na kondima, bokoki kozwa eteni na mapamboli na lolenge bozali kosala elongobani liboso na Nzambe.

Mapamboli mipesameli moto na molimo ya kokoka

Nzembo 37:4-6 elobi ete, Omisepelisa na Yawe mpe Ye Akopesa yo mposa nioso na motema na yo. Tikela Yawe elekelo na yo, zala na elikya epai na Ye mpe ye akosala mosala. Ye Akobimisa elonga nay o lokola Pole, akolongisa yo lokola moi na midi." Kosepela kati na Nkolo elakisi ete bokozala na esengo monene mpe bokosepela mpona Nkolo Nzambe.

Ya solo, bokoki kosepela bino moko kati na Nzambe na lolenge moko na etape moko na moko kati na kondima, kasi mpona kozala na esengo ya solo ewutaka na likolo, bosengeli kosepelisa Nzambe na etape ya mitano kati na kondima, etape ya kondima ekoka.

Ba oyo bazali na kondima na kosepelisa Nzambe bakozwa noki noki biyano kowuta na Nzambe, ata tango bakolikya kaka eloko na mitema na bango. Sik'awa nini lipamboli epesamaka na baton a molimo ekoka?

Bakoki kozwa baposa na motema na bango

Bato na molimo ekoka bakozwa eloko nioso mbala moko na mabondeli na bango, mpe lisusu, bakozwa biyano ata na makambo basengaki kutu te kasi balingaki yango na mitema na bango. Nzambe na nguya nioso Ayebi baposa na bango mpe na tango nini baling yango. Nde, Nzambe Akobongisa makambo mpe Akopesa bango.

Lolenge kani bakoki kozwa eyano tango basengi kaka yango? Nzambe na biso Ayanolaka biso tango nioso kolandana na mobeko na molimo. Lolenge na kopima koleka na bosembo ezali kopima na 'milimo sambo'. Elakisi ete tokoki kozwa biyano na mapamboli kaka tango tokoki kolandana na etape na biso kati na kondima tango milimo sambo mikopima bison a ba lolenge sambo, miye mizali kondima, esengo, mabondeli, kopesa matondi, kobatela mibeko, bosembo, na bolingo.

Ndakisa, soki moto oyo azali na etape ya misato kati na kondima abondeli mingi mpenza kasi azali na esngo te kati na motema, to soki azali sembo mingi nakosalaka mpona Nzambe kasi azali na matondi te kasi kaka koyimayima, nde akozwa biyano malembe malembe na lolenge na bozango na ye na bopimi na milimo sambo.

Kasi ba oyo bakota na molimo ekoka basi babulisama, nde bazali na efelo na masumu te liboso na Nzambe. Lisusu, mitema na bango mitondisama nab a mbuma na solo mpenza, nde bakozala tango nioso na koleka tango bapimami na milimo sambo. Tala tina bakoki kozwa biyano mbala moko, mpe eloko moko te ekokoka te mpona bango (Malako 9:23).

Bakozwa banzela na bososoli na makambo nioso

Soki bokoki kaka koyoka mongongo na Molimo Mosantu oyo Alukaka ata mozindo na makambo na Nzambe, bokoka tango nioso kokenda na nzela na kofuluka. Lisusu, bokoka koyoka mongongo mpe kozwa kotambwisama na Molimo Mosantu na lolenge bolongoli masumu na mabe kati na motema na bino mpe bokokisi motema petwa mpe epetolama.

Soki bokoti kaka na etape ya minei kati na kondima, bokoka koyoka mongongo na Molimo Mosantu malamu na motema na bino oyo ebulisama, nde bokokoka kososola malamu nini Nzambe Alingi. Lisusu, na etape ya mitano kati na kondima, bozali na bososoli na tina nini Nzambe Alingi eloko songolo kosalema. Na lolenge bokokota na dimension na mozindo na etape ya mitano kati na kondima, bokososola ata na 100% ba ndenge na Tata na makambo alingaka.

Yosefe atekamaka na Ejipito lokola moumbu na mbula moke mpona zua na bandeko na ye. Kasi ata na likambo wana, na mokano na Nzambe alongaki minyoko ya lolenge nioso mpe akomaki minister ya yambo na Ejipito. Suka sukaakutanaka na bandeko na ye mibali ba oyo batekaka ye mbula 2 elekaka. Amemaka ba ndeko na ye na tubela, mpe asosolaka ata lolenge kani ya komema bango na tubela na mitema na bango.

Ndakisa, akokaki komitalisa mpe asenga bango batubela, kasi elingaki kondimama lokola tubela ya solo mpe yakokoka na mitema na bango te.

Yosefe atalisaki identite na ye te, kasi akangaki bango mpona ngonga moko. Nde azwaka mpe moko na bandeko mibali lokola mokangemi mpe afundaki muana suka lokola moyibi. Amemaki makambo mingi akambama na bandeko na ye. Na nzela wana bandeko na ye mibali basosolaka motuya na moko na moko na bango. Babanzaka mpe ete batekaka moko na ndeko na bango moko mpe bayaka kotubela na mitema na bango moko.

Kino tango esalemaka, liloba moko na moko mpe eloko moko na moko ezalaki lifuti na bwanya na nkamwa na Yosefe mpe bososoli na komema makambo mina kosalema. Na etape ya mitano kati na kondima, bokoki komonana misala ya boye ya Molimo Mosantu, kozwa lolenge ya kosalela na mozindo na bososoli yakokoka, mpo ete bososoli ata mozindo na makambo na Nzambe.

Ba mabe bakoki ata kosimba bango te.

Bokono na microbe ekoka te kozwa ba oyo na molimo ekoka, mpe makakatani ekoki koyeila bango te. Bakoki kobikisa ba bokono na makakatani na bato misusu mpe lokola. Bakoki mpe kobimisa milimo mabe. Mpona mpifo na molimo oyo ekobimaka na motema bulee mpe yakokoka, nguya na molili ekoki te kosala moto akoti na molimo ekoka mabe te(1Yoane 5:18). Mpo ete bazali na mabe na masumu moko te, oyo ezali bisika Satana akoki kofunda bango, Satana akokoka komemela bango momekano to pasi te.

Kasi ata mpona bato na molimo to molimo yakokoka, Nzambe tango mosusu Andimelaka bango mimekano na lolenge moko tango moyini zabolo na Satana bakofunda bango. Yango ezalaka tango Nzambe Alingaka kokokisa bokonzi na Ye na monene na bosembo na Ye to kotalisa ete bato oyo bazali ba Mbeki minene mpona kozwa mapamboli na Ye. Ndakisa, mpona makambo etali ntoma Petelo na Polo, basi bakomaki na bokoki na kondima, kasi bakobaki na kozwa mimekano na minyoko na Nkombo na Nkolo mpe suka suka babomamaki.

Lisusu ata soki bandeko na egelesia na ebandeli ba oyo babomamaki bakotaki mpenza na molimo te, bazalaki na masumu minene te mpona kotiama na kufa. Kasi ezalaki kokokisa mibeko na bosembo ete milimo mingi mikobikisama mpe sango malamu ekoteyama na bisika mingi o nzela na talo na makila na bandimi. Ya solo, ba oyo bakomaki babomami na kondima bazwaki nkembo monene na bokonzi na Lola oyo ekokaki te kokokana na minyoko na tango moke na mokili.

Lisusu, soki moto na molimo ekoka akonyokwama na tin ate

kasi akolonga na kondima na bolingo, Nzambe Akopesa ye mapamboli mingi koleka na nguya. Akokitisela ye nguya na Ye mpe akotika ye akumisa Nzambe mingi koleka. Ya solo, moyini zabolo na Satana bakoki soko moke te kotelemela yango te.

Na kobakisa nab a ndakisa likolo, ezali na mapamboli mingi mpona biso na sima na biso kokota na molimo yakokoka nde tokoki te kolobela miango nioso. Soki bokomi kaka na etape ya minei kati na kondima, bokopambolama ata soki bokokota to bokobima, mpe na libota na bino, bisika na mosala, mpe lisusu bato zinga zinga na bino bakozwa mapamboli elongo na bino. Ata na lolenge ekoka te, bokoki mpe kotambola na Nzambe.

Mapamboli oyo nioso mibandaka na kopesama moko na moko na etape ya minei kati na kondima, mpe na etape ya mitano kati na kondima, bipesemelaka nioso. Kasi koleka mapamboli yango, ya motuya mpe ya monene koleka na mapamboli ezali nkembo na engomba na Yelusalema ya Sika na bokonzi na seko na Lola.

2. Yelusalema ya sika mpona ba oyo na etape ya mitano kati na kondima.

Bisika malamu koleka kati na bisika mingi na Lola ezali Yelusalema ya Sika. Yelusalema ya Sika ezali crystal ya bolingo oyo Nzambe Abongisa mpona bana na Ye ya solosolo. Akangaka motema na tango molayi mpenza mpona kozwa bana ya soslosolo na oyo Akoka kokabola bolingo ya solo, mpe ezali bisika Tata Asala mpona kokabola bolingo na esengo na Ye libela na bana oyo. Fololo moko na moko na libanga na talo ekangi bolingo na Nzambe mpe nguya. Ezali bisika etondisama na nguya na Nzambe.

Monene na forme ya Yelusalema ya sika

Na emoniseli eteni 21 na 22 elimboli forme na Yelusalema ya Sika. Ezali cube na monene, molayi, mpe molayi na 12,000 stade (km 2,400/ miles1,5000. Bifelo na engomba nisalema na yasipa bleu oyo emonanaka na kati. Engomba mobimba ezali wolo epetolama na kongala lokola talatala. Na moko na moko na bifelo minei na engomba ezali na bikuke misato, oyo mikokisi 12. Mizali na lolenge na arc kasi mangaliti, mpe likolo na yango ekomama kombo na bikolo 12 na Yisalele. Bikuke misalema na mangaliti mpona limbola na molimo na mangaliti.

Mpona nyama na mangaliti asala yango, esengeli ezala na tango na pasi mpe molende makasi. Tango eloko na libanda ekotobola mosuni na nyama na mangaliti ememaka pasi makasi, ye akobimisa mai moko mpona kobzipa eloko oyo lisusu mpe lisusu. Bongo suka na mai kobima oyo ekozala mangaliti. Mpona bandimi kozala na kondimama mpona kokota na Yelusalema ya Sika, moto na moto asengeli kokanga motema mpe kotangisa main a miso mpona kobika bomoi etondisama na solo. Bikuke na Yelusalema ya sika misalema na limbola oyo.

Miboko na engomba mizali na mabanga na talo 12. Ya yambo ezali Yasipa oyo elakisi kondima ya molimo. Ya mibale ezali safili, oyo elakisi motema makasi mpe ya mpiko. Moboko ya misato, kendono oyo elakisi innocence na komikaba mbeka. Ezali motema na moto oyo akoki kopesa bomoi na ye mpona ba oyo bafandi penepene na ye mpe bokonzi na Nzambe na kolukaka lifuti na ye moko te.

Ya minei, samala, elakisi bosembo oyo ezali mbuma na pole mpe bopeto. Ya mitano, salandoniki, ezala kozala sembo kino kufa. Ya motoba, salali, elakisi enthusiasm mpe motema elikyaka. Na sambo kulusuliti, elakisi mawa.

Mwambe belulu , elakisi kokanga motema. Libwa topazi, oyo elakisi bolamu, mingi bolamu na Nkolo oyo Akowelana te mpe Akonganga te Akobuka lititi litutami te to kojimisa lotambe loziki mokemoke te.

Ya zomi ezali kulusupala oyo elakisi komikamba.. Ya zomi na moko, wakiti elakisaka kopetolama mpe bulee na motema. Zomi na mibale ezali ametositi yango elakisi kitoko mpe komikitisa. Soki bokembisi ba limbola oyo nioso na molimo mitiama na libanga moko na moko, ekokoma motema yakokoka na Nzambe na Nkolo.

Tina miboko na engomba misalema na mabanga na talo oyo ezali mpona koyebisa biso ete bandimi basengeli kobota mpenza ba mbuma oyo na molimo kati na mitema na bango mpona kobika na engomba. Tango bokoleka ekuke na mangaliti mpe bokei na engomba, ezali na moi te, sanza te, to mwinda, kasi ezipami na nkembo na Nzambe mpe ezali tango nioso kongala lokola na moi na kotondisama na pole makasi. Na mosika, minda na mabanga na talo mabongisaka ba ndako mimonanaka o nzela na mapata na nkembo, nde esalaka ete engomba mobimba emonana na bomoi.

Ba ndako na bokonzi na misato na Lola mpe Yelusalema ya Sika mizali na ba etage ebele mpe mibongisami malamu mingi na mabanga na talo na wolo oyo epetolama mpenza. Bokoki kozala na bisika na pelouse, elanga, kobina na mapata, bisika na ba nyama, lopango na golfe, ndako ya kobina to eloko nioso bokolinga mpona bino moko.

Ba ndako na bokonzi na misato na Lola misalema mpe na wolo epetolama na mabanga na talo, kasi lolenge na mabanga na talo na pole mikesena na oyo na Yelusalema ya sika. Ezali na ba lolenge mingi na mabanga na talo oyo bokoki ko tanga te na Yelusalema ya Sika, mpe mingi na bango mikobimisaka kaka mwinda moko te kasi mibale to misato.

Lisusu, ndako moko na moko na Yelusalema ya sika ezali na lolenge na yango moko kolandana na molayi na etape kati na kondima, monene na bosembo, mpe misala mpe makambo mokolo ndako alingaka. Kaka na kotalaka kongala na pole na nkembo mpe ba lolenge na mabanga na talo miye mikobongisaka ndako, moto akoki kososola molayi na kobulisama ezwamaki na mokolo nadako mpe lolenge nini asepelisaki Nzambe na mokili oyo.

Tango ba oyo bakokende na Ylusalema ya Sika bakomona ba ndako oyo Nzambe Abongiselaki bango, bakokoba kaka na kotangisa mpinzoli na matondi. Na lolenge bokokota na ekuke ya monene, na kotalaka esika monene boye mpe kitoko na decoration, bokosimbama.

Tika na talisa bino moko na bandaku kuna. Na bisika mizanga suka, ezali na ndako ya monene, oyo ezali lokola chateau, mpe ezali nab a efelo mizingi ndako monene. Ba efelo yango mizali komonana lokola Yasipi to talatala na langi bleu. Kati nab a efelo mimonanaka ten a libanda, kasi bokoki komona libanda tango bozali na kati.

Na bokeseni nab a efelo na mokili oyo miye mitongama na ba Brick, mizali lokola mosala na art oyo misangisama te. Efelo yango mokoekobimisa solo malasi kitoko, mpe bafololo na nse nab a efelo mikobimisaka mpe malasi makasi mpe lokola.

Na efelo, mizali na makambo kitoko lokola mikomamaki na kati. Kasi mitiama mpenza na kati na efelo, imonanaka na kati. Mikomataka mpe miko tsepatsepa yango moko. Mikokoma mpo na lolenge nini nkolo ndako asepelisaki Nzambe na tango azalaki na mokili, mpe makambo misusu likolo na nkolo ndako lokola bolamu na ye mpe kitoko ya motema oyo akolisaki.

Ekomaka mpe lolenge nini anyokwamaki mpona Nkolo mpe lolenge kani atokaki mpe asalaka mpona bokonzi na Nzambe. Na nzela na makomi oyo, Nzambe Akopesa makasi na nkolo ndaku na tango alekisaka na mokili oyo.

Na elanga, bafololo na lolenge lolenge nab a nzete mibongisami malamu mingi, mpe ba ndeke na masala kitoko bakonzembela bino. Na lolenge boleki elanga mpe bokomi na ndako monene, ezali na nzela na wolo epetolama mpenza. Ba fololo na besika bika na nzela mikobimisa malasi kitoko. Mikosanjola misala na nkolo ndaku mpe mikopesaka ye makasi mpona ba pasi nioso mpe minyoko azwaka na mokili.

Likolo na nioso mana, ezali na zoo, bisika na kotambola, park ya kosakana, masua na crystal, mpe nioso mpe makambo nioso alingaka kozwa. Bandimi bakolekisa tango na kokanga motema mpe komikaba mbeka boye kino bakokota Yelusalema ya Sika, mpe tango bakomona mafuti mibongisami na Nzambe, mitema na bango mikokita mpe bakopemisama.

Mafuti na Yelusalema ya Sika

Soki tokeyi na Yelusalema ya Sika, eloko nioso tokolikya ekosalema, mpe tokozwa ba ndako minene mpe kitoko mpe mafuti miye mikoki kobanzama te. Kasi oyo ezali motuya ezali ete moko moko na makambo mpe biloko mosalemi o nzela na bolingo, molende, bosembo, mpe komikaba tomipesaki mpona Nzambe na mokili oyo.

Tokozwa kopemisama mpe mafuti na Yelusalema ya Sika, soki topesi Nkolo nini tolingaka mpe tolinganaka na mokili oyo.

Nzambe oyo Atalaka malamu mpe na bolingo Azangisaka eloko moko te. Tango bolelaka mpona bokonzi na Nzambe, moko ten a main a miso na bino ekokweya mpamba to ekolimwa. Moko na moko na bango mikokoma biloko mpe decoration mpona kotonga ba ndako na bino. Ba oyo bakokota Yelusalema ya Sika babikaka kaka na mokano nan Nzambe na mokili oyo, nde na Lola, Nzambe Akotika bango basepela makambo nioso lolenge balingi.

Bilamba nab aye bakokota Yelusalema ya Sika mitalisaka nkembo na bango na kitoko na koleka, bopeto, mpe balangi na kongala. Na bilamba lokola textile ezali na decoration na mabanga na talo ya kitoko mpe biloko mingi.

Ndakisa elamba na elembo na matondi ekolakisaka lolenge kani moto songolo apesaka matondi na mokili oyo. Ezali mpe na elembo na masanjoli, esengo, mabondeli, mpe bongo na bango. Ezali mingi elembo na nkembo, nde ata na Yelusalema na sika, epesameli nab a oyo bapesaki nkembo mingi na Nzambe, mpe nkembo na elembo oyo ekotelema mosika na oyo na basusu. Ba oyo bakolata yango bakotosama mingi..

Na Yelusalema ya Sika, bamesana kolataka mingi mitole ya lolenge mibale, yango mizali motole na bosembo (2 Timote 4:8), na motole na wolo (Emoniseli 4:4). Likolo na miye, ezali na mitole na bafololo, mitole na mangaliti, motole na kulusatala, mpe mitole nab a lolenge lolenge miye mibongisami na ebele na mabanga na talon a mabongisi misusu, mpe bokolata miango kolandana na nzela.

Mpona basi, bazali na mabongisi na special mpona ba suki na bango.. Na Paradiso bazali na mitole to biloko mibongisaka ba suki na bango te, kasi kaka suki ya mpamba. Na lolenge bokomata na etape kati na kondima, bazali na makambo kitoko koleka mpe malamu na suki na bango. Basin a Yelusalema ya Sika bakozala na makambo ebongisaka mpe mabanga na talo, mpe elongo na yango, bakozala na biloko na mitu na bango mikongala na minda malamu mpe kitoko.

Biloko na kongala na mitu lokola mizalaki suki mpe mikobimisaka minda kitoko. Na lolenge oyo, na Lola, na komonaka bilamba, ba langi na yango mpe decoration na bilamba, mpe mitole mpe mabongisi na ba suki, tokoka komona lolenge kani moto alingami mpe andimami na Nzambe.

Na Yelusalema ya sika, tango bokolata bilamba ya sika, mpe bokozala na feti, to bisika nioso bokokende to nioso bokosala, bozali na banje basaleli na bino. Mpo ete bokoki kosolola na molimo, banjelu bayebi nini bolingi ata soki boyebisi bango te. Kolandana na lolenge nini moto na moto akota na molimo, ebele na banjelu basaleli bakokesana.

Yelusalema ya sika ezali ka kitoko mpe bonzenga te, kasi lisusu ezali na boyebi na suka te, komona, koyoka, mpe kosepela makambo malamu mpe kokabola bolingo. Bokobika mpona seko na tango, kasi bozali na libaku na kozanga koyoka malamu te mpo ete ngonga nioso etondisami na makambo na sika mpe na esengo. Mingi mingi, na Yelusalema ya Sika, bozali tango nioso na feti mpe eloko ya kosepela. Tango mosusu, mikambamaka na Tata Nzambe, to Nkolo, to Molimo Mosantu.

Na ba feti mikambami na Nzambe Tata, moto nioso akolata elamba na motuya koleka mpe kitoko. Bakolia mpe bakomela biloko kitoko koleka mpe bakosepela masanjoli na mabina kitoko, mpe nkembo na yango ekoki kolimbolama na maloba te.

Kati na bomoi na Lola, bokotondisama na koyoka esengo na koleka, likolo na esengo mileki na mokili oyo na tango nioso. Na mingi tobulisami mpe tombongwami kati na solo, nde na mozindo tokoyoka esengo ya Lola ata na mokili oyo.

Na koleka na elikya mpe esengo na Lola tozali na yango, kokangama na makambo na mokili oyo ekolimwa, mpe tokotondisama kaka na posa na molimo mpona kopesa nkembo na Nzambe, kobikisa milimo ebele, mpe kokabola nkembo na Yelusalema ya sika elongo na bango.

Bongo, tosengeli kolongola elikya ya pamba pamba na kolandaka baposa ya nzoto, ya miso, mpe lolendo na bomoi, mpe tozala na elikya ya kokende na bisika malamu koleka na

Lola.

1 Batesaloniki 5:23 elobi ete, "Tika ete Nzambe na kimia, Ye moko Abulisa bino nye Tika mpe ete bobatelama kati na molimo mpe na motema mpe na Nzoto na kokabwana te mpe na ekweli te kino ekomonana Nkolo na biso Yesu KRisto.

Mokomi:
Dr. Jaerock Lee

Dr. Jaerock Lee abotamaka na Muan, Provinnce na Jeonnam, Republique na Koree, na 1943. Na tango na ba mbula na ye ntuku mibale, Dr. Lee anyokwamaka na ba bokono kilikili mizanga lobiko mpe mpona ba mbula sambo azelaka kufa na elikya na lobiko te. Kasi mokolo moko na tango na molunge moke na 1974 akambamaka na ndako na Nzambe na kulutu na ye na muasi mpe tango afukamaka mpona kobondela, Nzambe na bomoi na mbala moko abikisaka ye na ba bokono na ye nioso.

Kobanda tango akutanaka na Nzambe na bomoi na nzela na likambo wana malamu, Dr. Lee alingaka Nzambe na motema na ye mobimba mpe bosolo, mpe na 1978 abengamaka lokola mosali na Nzambe. Abondelaka makasi na mabondeli na kokila mpo ete akoka kososola malamu mokano na Nzambe, akokisa yango na mobimba mpe atosa Liloba na Nzambe. Na 1982, abandisaka egelesia centrale Manmin na Seoul, Koree, mpe misali mingi na Nzambe, at aba lobiko na bikamwa, bilembo mpe bikamwiseli, mibanda kosalema na egelesia na ye kino lelo.

Na 1986, Dr. Lee atiamaka lokola Pasteur na Assemblee annuel na Yesu' Egelesia Sungkyul na Koree, mpe mbula minei na sima na 1990, mateya na ye mibanda kotalisama na Australie, Russia, mpe ba Philippino. Na tango moke ba mboka mingi lisusu mikomaka na kotala na nzela na Company na Difusion na far est, Stadion na Difution na Asia, mpe Sysatem na Radio na Bakristu na Washington.

Sima mbula misato, na 1993, Egelesia central Manmin eponamaka lokola moko na ba "Mangomba 50 na likolo Koleka" na magazine na Bakristu Mokili mobimba (EU) mpe azwaka Doctora Honorius na Bonzambe na Ollege na Bondimi na Bakristu, na Floride, EU, mpe na 1996 Azwaka Doctora na ye na makambo matali Mosala na Nzambe na Seminaire ya Theologie Kingsway, na Iowa, EU.

Wuta 1993, Dr. Lee abanda kopanza Sango Malamu na Mokili Mobimba ata na Tanzanie, Argentine, L.A., Baltimore Cite, Hawai, mpe New York na Etats Unie, Uganda, Japon, Pakistan, Kenya, Ba Philipines, Honduras, Inde, Rusia, Allemagne, Peru, Republique Democratique ya Congo, Israel, mpe Estonie.

Na 2002 andimamaka lokola "moteyi Sango Malamu na Mokili mobimba" mpona misala na ye na nguya na ba jounnal mingi na Bakristu kati na Koree. Na mingi ezalaki 'Croisade na ye na New York na 2006' isalema na Madisom square Garden,, bisika ikenda sango koleka na mokili mobimba. Molulu ilekanaka na bikolo 220, mpe na Croisage na ye na Yisalele atatolaka na kobanga te ete Yesu Christu Azali Mesia mpe Mobikisi.

Mateya ma ye milakisamaka na Bikolo 176 na nzela na satellite ata na GcN TV mpe atangama lokola 'Moko kati na ba 10 na bakambi na Bakristu bazali kobongolisa bato mitema' na mbula 2009 mpe 2010 na Magazine iye ikenda sango na Bakristi na Rusia na kombo In Victory mpe angence na ba sango Telegraphe na Bakristu mpona Ministere na ye na nguya o nzela na bitando mpe ministere na ye na kokamba egelesia.

Kobanda Mai na 2013, Egelesia Central Manmin ezali na lingomba na bato koleka 120,000. Ezali na ba branche 10,000 mipalangana na mokili mobimba kosangisa 56 na ekolo Koree, mpe na ba missionares 129 ba oyo batindama na ba mboka 23, ata na Etats unies, Russia, Alemagne. Canada, Japon, Chine, France, Inde, Kenya, mpe mingi kino lelo.

Kino na mokolo na kobimisa buku oyo, Dr. Lee akoma ba buku 85. Ata buku eye : Meka bomoi na seko liboso na kufa, Bomoi na ngai bondimi na ngai I & II, Sango na ekulusu, Bitape kati na kondima, Lola I & II, Lifelo, Lamuka, Yisalele!, mpe Nguya na Nzambe. Ba buku na ye mikomama na minoko 75 na koleka.

Ba colonne na ye na makomi na Bakristu mibimaka na ba journal eye: Hankoook Ilbo, Quotidien Joongang, Chosun Ilbo, Dong-A Ilbo, Munha Ilbo, Seoul Shinmun, Kyunghyang Shinmun, Quotidien na Economie na Koree, Herald ya Koree, Ba Sango na Shisa, Mpe Press na Ba Christu.

Sasaipi Dr. Lee azali mokambi na ba masanga mingi na ba missionaire. Yango esangisi : Mokambi, Lisanga na Mangomba na Yesu Christu mpona Kobulisama; Mokambi, Mission Manmin na Mokili Mobimba ; President na Tango oyo : Lisanga na Bakristu mpona bolamuki kati na Mosala, Mobandisi & Mokonzi na Conseil D'Administration, Reseau na Mokili Mobimba Mpona Minganga na Bakristu (WCDN) ; mpe Mobandisi & Mokonzi na Conseil D'Administration, Seminaire Manmin mpona Mokili Mobimba (MIS).

www.ingramcontent.com/pod-product-compliance
Lightning Source LLC
LaVergne TN
LVHW010157070526
838199LV00062B/4402